PROF. DR. EIKE SEBASTIAN DEBUS • GILBERT KÖCHER • DR. JUTTA V. CAMPENHAUSEN
DR. ANNE-KATHRIN DEUPMANN • PROF. DR. REINHART THOMAS GRUNDMANN

DAS KOCHBUCH *für* Gesunde Gefäße

70 GOURMETREZEPTE FÜR GESUNDE ARTERIEN

humboldt

GRUSSWORT

Deutsche Gesellschaft für Gefäßchirurgie und Gefäßmedizin (DGG) e.V.

Liebe Leserinnen, liebe Leser,

gesund alt werden: Das möchten wohl alle. Bei vielen aber stehen Herz-Kreislauf-Erkrankungen dem Vorhaben im Wege: Bluthochdruck, Schaufensterkrankheit, koronare Herzerkrankung, Schlaganfall … sie alle schränken das Wohlbefinden erheblich ein, gefährden sogar das Leben und sind Todesursache Nummer eins. Und sie alle hängen mit dem Gefäßsystem zusammen: Gesunde, elastische, durchgängige Adern sind für die Gesundheit essenziell. Durch sie transportiert das Blut die Nährstoffe dorthin, wo der Körper sie braucht. So ist noch die kleinste Zelle mit Energie und Bausteinen versorgt, die sie richtig funktionieren lassen.

Das Gute: Man kann selbst etwas dafür tun, dass das Blut ungehindert fließt, und zwar, bevor wir in der Gefäßchirurgie mit Skalpell und Katheter Kalk abtragen, Wege durch Engpässe bahnen oder Bypässe drumherum legen müssen. Ein gesunder Lebensstil hält die Adern fit und beugt (Herz-Kreislauf-)Erkrankungen vor.

Die Wissenschaft weiß inzwischen viel darüber, was einen gesunden Lebensstil ausmacht: Ernährung ist einer der Faktoren. Und hier wird es unübersichtlich, denn zu viele Trends sind in den letzten Jahren und Jahrzehnten gekommen und gegangen. Was gestern als gesund galt, wird heute verteufelt oder andersherum.

Die Forschung aber hat große Fortschritte gemacht. Was die Wissenschaft über gefäßgesunde Ernährung herausgefunden hat, fasst in diesem Buch Professor Dr. med. Sebastian Debus, 2013–2014 Präsident der Deutschen Gesellschaft für Gefäßchirurgie und Gefäßmedizin e.V., mit seinen Co-Autoren für Sie zusammen.

Gesund essen – das klingt erst einmal nach Freudlosigkeit und Verzicht. Aber gefäßgesund und lecker schließen einander nicht aus. Das beweisen Ihnen die Gerichte, die der Sternekoch Gilbert Köcher gemeinsam mit dem Mediziner Debus entwickelt hat. Wir im Vorstand der DGG leben nicht gerne asketisch – wie übrigens viele unserer Zunft –, sondern sind dem Genuss durchaus zugeneigt. Und glauben Sie uns: Die Rezepte in diesem Buch sind ein Genuss. Wir haben sie mit Begeisterung probiert.

Lassen Sie sich Gesundheit schmecken!

Ihr

Vorstand der Deutschen Gesellschaft für Gefäßchirurgie und Gefäßmedizin (DGG) e.V.

SO BLEIBEN DIE GEFÄSSE GESUND

Unsere Ernährung hat einen großen Einfluss auf unsere Gesundheit. In diesem Kapitel erfahren Sie, wie unser Gefäßsystem funktioniert und wie Sie mit Ihrer Ernährung positiv auf Ihre Gefäße einwirken können. Sie bekommen einen Überblick über Krankheiten des Gefäßsystems und lernen den aktuellen Stand der Forschung zu den günstigsten Nahrungsmitteln und Diäten kennen. Neun einfache Regeln für Ihre gefäßgesunde Ernährung runden das Kapitel ab.

Essen beeinflusst unsere Gesundheit

„Fetter Fisch, Olivenöl und Rotwein sind gut für Herz und Blutgefäße“, „Eine fettfreie, vegane Diät heilt Herz und Blutgefäße, Alkohol schadet“ „Nüsse sind gesund“, „Nüsse sind gefährlich fürs Herz“ „Kaffee verursacht Herzrhythmusstörungen“, „Kaffee verringert das Risiko, an Herz-Kreislauf-Problemen zu sterben“ – es wird viel geschrieben über den Zusammenhang von Essen und seinen Effekt auf Herz und Blutgefäße.

Sicher scheint nur eins: Was wir essen, hat großen Einfluss auf unsere Gesundheit. Das ist nicht nur naheliegend, sondern wissenschaftlich bewiesen. Nur was genau welchen Effekt hat, darüber scheinen sich die Experten nicht einig zu werden. Die Äußerungen im Absatz oben waren allesamt in Publikumszeitschriften zu lesen. Sie sind widersprüchlich und irreführend.

Die Forschunglage: leider etwas undurchsichtig

Ernährungsempfehlungen folgen Moden, die wiederum dem jeweils neuesten Stand der Forschung folgen. In den 80er-Jahren empfahlen Ärzte, Fett zu meiden, folglich kamen viele fettreduzierte Produkte auf den Markt. Eine Zeitlang galt die Steinzeitdiät als besonders gesund: viel Fleisch, gerne Fett, kein Zucker. Länger hält sich der damit verwandte Trend zu Low Carb: wenig Kohlenhydrate, also Brot, Nudeln, Reis. Dazu solle man mehr Eiweiß essen, vor allem Fisch und Milchprodukte gelten als gesund. Aber am Ende schneiden tierische Produkte nicht gut ab und der Trend zum Veganismus nimmt Fahrt auf. Offizielle Stellen empfehlen eine „ausgewogene Ernährung“, aber welchen Anteil daran Fett und Fisch, Kohlenhydrate wie Brot und Nudeln sowie Wein haben sollen, ist selten klar – und noch weniger, wie man aus wissenschaftlich fundierten Empfehlungen eine Mahlzeit macht.

Gleichzeitig veröffentlichen Fachmagazine rund um den Globus ununterbrochen neue Untersuchungsergebnisse, die zeigen, dass das, was wir essen, unsere Gesundheit von klein auf beeinflusst und auch akut auf unser Wohlbefinden wirkt. Ernährung ist Risikofaktor und Chance. Eine weltweite Studie macht die Ernährung für elf Millionen Todesfälle in Jahr 2017 verantwortlich.[1]

Gesunde Gefäße – gesunder Mensch

Dieses Buch konzentriert sich auf die Gesundheit der Blutgefäße. Das hat verschiedene Gründe. Natürlich könnte man ebenso gut an einer strahlenden Haut und einem federnden Gang erkennen, dass jemand körperlich gut aufgestellt ist. Auch ein reger Darm, tüchtige Nieren und eine wohlgeformte Leber sind Zeichen für einen guten Stoffwechsel. Alle Organe des Menschen haben etwas gemeinsam: Sie werden über das Gefäßsystem mit Sauerstoff und Energie versorgt. Ist diese Versorgung mangelhaft, leidet langfristig die unterversorgte Körperpartie. Ist die Versorgung unterbrochen, kommt es zu lebensgefährlichen Infarkten.

Gleichzeitig schlägt sich unsere Ernährung besonders deutlich im Zustand der Blutgefäße nieder.[2] Schließlich gelangen die Bestandteile dessen, was wir essen, ins Blut und treten damit in direkten Kontakt mit den Gefäßwänden. Das hat Folgen.

Was genau in unseren Adern vor sich geht, spüren wir nicht. Schleichende Umbauten, die die Aderwände spröde werden lassen, den Innenraum der Gefäße verengen oder eine Arterie aus der Form geraten lassen, tun nicht weh. Die meisten Menschen werden erst dann auf ihre Blutgefäße aufmerksam, wenn die Blutwerte bedrohlich sind, Ärzte warnen oder gar bereits Durchblutungsstörungen, ein Beininfarkt, ein Schlaganfall oder Herzinfarkt auftreten.

1 Afshin, A., et al. (2019). "Health effects of dietary risks in 195 countries, 1990–2017: a systematic analysis for the Global Burden of Disease Study 2017." The Lancet 393(10184): 1958–1972.

2 Kuhlmann, I., et al. (2014). „Bedeutung von Nahrungsfaktoren für die Gefäßgesundheit. Prävention kardiovaskulärer Erkrankungen und Atherosklerose". Springer: 23–24.

Weil wir unsere Blutgefäße weder sehen noch fühlen können, bleiben sie uns abstrakt – genau wie Ernährungsempfehlungen, die mal für eine gute Figur, mal zur Krebsvorbeugung, mal für einen glücklichen Darm propagiert werden. Außerdem essen wir, um satt, leistungsfähig und froh durchs Leben zu gehen, und aus Geselligkeits- und Genussgründen. Selten erscheinen medizinisch basierte Ernährungsempfehlungen attraktiv. Das will dieses Buch ändern.

Gefäßgesund genießen ist kein Widerspruch

Wissenschaftler um Sebastian Debus, Chef der Klinik für Gefäßmedizin am Universitätsklinikum Hamburg-Eppendorf (UKE), haben dafür die Studien, die weltweit von Ernährungswissenschaftlern, Medizinern, Epidemiologen, Biostatistikern und Präventionsforschern veröffentlicht werden, unter die Lupe genommen und geprüft. Wir haben nicht aussagekräftige Ergebnisse aussortiert und die seriösen Ergebnisse zusammengetragen und damit die Empfehlungen erarbeitet, für die es ein solides wissenschaftliches Fundament gibt. Sie sind naturgemäß viel weniger radikal als viele Modediäten.

Wie verführerisch gesundes Essen sein kann, beweist Sternekoch Gilbert Köcher, Chef der Kantine des UKE, mit 70 eigens für dieses Buch kreierten Rezepten. Ob schnell oder aufwendig, frisch oder scharf, heiß oder kalt – für jede Gelegenheit und jede Tageszeit bietet Ihnen dieses Buch moderne gefäßgesunde Gerichte.

Wir zeigen Ihnen, was die Wissenschaft über den Zusammenhang von Ernährung und einem gesunden Kreislauf weiß, und erklären, warum das so ist und was wir daraus lernen sollten. Durch die richtige Auswahl an Lebensmitteln und das geeignete Wissen können Sie Ihre Gefäßgesundheit zu jeder Zeit positiv beeinflussen. Dabei stehen wir Ihnen auf den nächsten Seiten Schritt für Schritt zur Seite. Gehen wir es gemeinsam an!

Herz-Kreislauf-Erkrankungen und Lebensstil

2020 starben weltweit 17,9 Millionen Menschen an Herz-Kreislauf-Erkrankungen – viel mehr als an Krebs (9,3 Millionen), Lungenkrankheiten und Diabetes zusammen. In Deutschland sind es über 330.000 Tote, die an den Krankheiten des Herz-Kreislauf-Systems sterben: Herzinfarkt, Schlaganfall und Beininfarkt.

Herz-Kreislauf-Erkrankungen sind kein Schicksal, sondern vermeidbar.

Herz-Kreislauf-Erkrankungen sind eng mit unserem Lebensstil verknüpft: Übergewicht, Bluthochdruck und Zuckerkrankheit schaden den Gefäßen und damit dem Herzen. All diese Faktoren sind abhängig von dem, was wir essen.

Die gute Nachricht lautet: Herz-Kreislauf-Erkrankungen sind kein Schicksal, sie sind vermeidbar. Um Ihre Adern gesund, elastisch und durchgängig zu halten, können Sie etwas tun – und sollten es auch.[3]

Nicht allein die Menge von Nahrungsmitteln entscheidet darüber, ob unsere Blutgefäße verschleißen, versteifen und sich verengen; auch die Zusammensetzung, einzelne Zutaten, die Zubereitung, der Zeitplan und das Trinkverhalten beeinflussen unsere Gesundheit. Dass gesund zu essen das Leben verlängert, ist eine Binsenweisheit. Die Medizin kennt die Risiken und Wahrscheinlichkeiten gut, und spätestens, wenn Sie ein Blutdruckmedikament oder einen Cholesterinsenker verschrieben bekommen, wissen Sie, dass Sie angezählt sind. Ganz offenbar deuten sich Probleme des Herz-Kreislauf-Systems an.

Trotzdem trifft ein Schlaganfall oder Herzinfarkt die meisten Menschen wie ein Schock. Erst wenn ein Luftballon mit lautem Knall platzt, ist jedem klar, dass er überdehnt wurde. Doch das langsame, leise Aufblasen ist nicht alarmierend.

3 Debus, E., et al. (2013). „Manifestationen und Prävention der Arteriosklerose." Gefäßchirurgie 18(7): 644–651.

Die meisten Menschen kennen ihr Risiko, an Herz-Kreislauf-Erkrankungen zu sterben, nicht einmal. Vermutlich wissen sie nicht einmal genau, was sich in ihren Adern abspielt und welche Rolle die Ernährung dabei spielt, dabei handelt es sich bei unseren Gefäßen um ein kostbares System, das wir unbedingt schätzen lernen sollten.

Das raffinierteste Leitungssystem der Welt

Alle Blutgefäße eines Menschen, also die Arterien und Venen sowie die winzigen Haargefäße (Kapillaren), sind zusammengenommen 100.000 Kilometer lang. Aneinandergelegt würden sie zumindest rechnerisch mehr als zweimal um den Äquator herumreichen.

Diese enormen Zahlen kommen zustande, weil praktisch jede Zelle unseres Körpers von einem Blutgefäß erreicht wird. Nur die Linsen unserer Augen, Hornhaut und Knorpel kommen ohne direkte Anbindung an das Blutgefäßsystem aus. Alle anderen Gewebe werden über das Blut mit Sauerstoff und Nährstoffen versorgt. Außerdem liefert Blut Botenstoffe, Antikörper und Bausteine für die Zellreparatur und transportiert Abfallstoffe zur Entsorgung und Entgiftung ab. Dementsprechend viele Blutgefäße gibt es im Menschen.

Mit dem Herzschlag verteilt das Herz das Blut aus der Mitte des Brustkorbs über den ganzen Körper. Jede Minute strömen rund fünf Liter Blut durch die Hauptschlagader (Aorta). Sie ist das größte Blutgefäß im Körper und rund drei Zentimeter dick. Danach wird das Blut auf kleinere Adern verteilt, die sich immer weiter verzweigen, bis das Blut über die haardünnen Kapillaren seinen Zielort erreicht. Diese kleinsten Gefäße laufen zu größeren Venen zusammen und sammeln so das verbrauchte Blut aus dem Körper und leiten es in die sogenannten Hohlvenen weiter. Durch die obere Hohlvene fließt das Blut aus Kopf und Hals, durch die untere Hohlvene aus Rumpf und Beinen zurück ins Herz.

Der Aufbau unseres Herzes

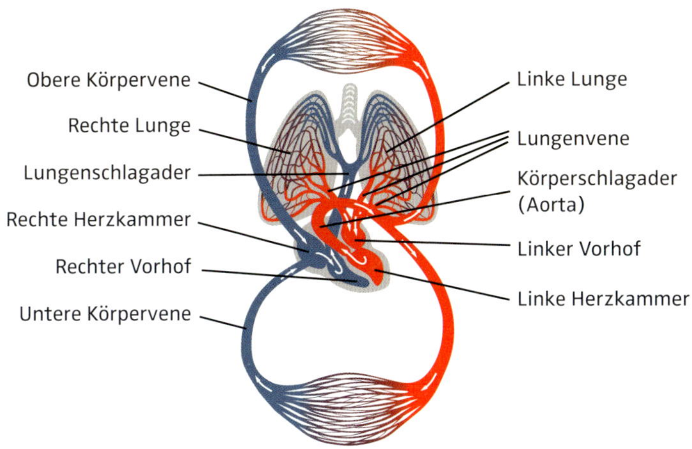

Der Blutkreislauf, das raffinierteste Leitungssystem der Welt

Das System aus Herz, Arterien, Kapillaren und Venen bildet den Blutkreislauf, eine ebenso geniale wie komplexe Maschinerie aus elastischen und teils mikroskopischen Leitungen, Klappen, Abzweigungen, Muskeln, Poren und einer unermüdlichen Pumpe. Da man von alledem in der Regel nichts merkt, erscheint es selbstverständlich, dass das Blut nicht in den Füßen versackt, sondern gegen die Schwerkraft wieder zum Herzen gelangt, dass der enorme Druck die zarten Gefäße nicht zerreißt, dass die verschiedenen Leitungsbahnen gleichmäßig gefüllt werden und nicht zuletzt, dass stets genau die richtige Menge an Sauerstoff und Nährstoffen vor Ort ist. Höchstens, wenn wir bei Anstrengung schwer atmen und das Herz rast, spüren wir, dass unser Kreislauf flexibel und sensibel ist.

Das System aus Herz, Arterien, Kapillaren und Venen bildet den Blutkreislauf.

Der Aufbau unseres Gefäßsystems

Um zu verstehen, wie wir auf das Gefäßsystem achten können, hilft es, sich den Aufbau dieses Rohrleitungswunders vor Augen zu führen. Die Wände der Kapillaren bestehen nur aus einer einzigen Zellschicht. So können Sauerstoff und Nährstoffe leicht ins Gewebe gelangen und Kohlendioxid und Abfallstoffe abtransportiert werden. Das Blut fließt mit einem halben Millimeter pro Sekunde extrem langsam durch die Kapillaren, die mit nur fünf bis zehn Mikrometer Durchmesser so groß sind wie ein Feinstaubteilchen.

Durch die Hauptschlagader saust das Blut dagegen mit einem Tempo von 25 Zentimetern pro Sekunde und entsprechend hohem Druck. Die größeren Blutgefäße sind nicht für den Austausch von gelösten Gasen und Stoffen geschaffen, sondern allein für den Transport. Hier ist nicht nur die Fließgeschwindigkeit entsprechend höher, sondern auch das Volumen größer und vor allem ist der Aufbau der Gefäßwand anders. Sie besteht aus drei Schichten:

Unsere Gefäßwände bestehen aus drei Schichten

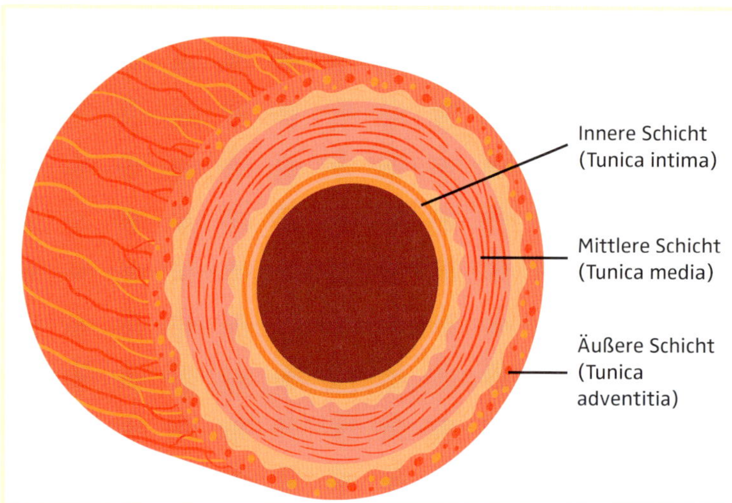

Die innere Schicht (Intima oder Endothel)

Diese Schicht ist hauchdünn, oft nur eine Zelle dick, aber extrem wichtig. So wie eine Innenverzinkung eines Rohrs oder der Lack beim Auto vor Rost schützt, so bewahrt die Intima die Aderwand vor Schäden durch aggressive Zellen oder Gifte.

Die mittlere Schicht (Media)

Die Media ist die dickste Schicht der Aderwand. Sie besteht aus Muskelzellen. Wenn sie sich zusammenziehen, verengt sich das Gefäß und der Blutdruck steigt. Weitet sich das Gefäß, sinkt der Druck. Die Muskelzellen der Media werden von Nerven gesteuert; das vegetative (autonome) Nervensystem steuert so die Gefäßweite und damit den Blutdruck. Mit jeder Pulswelle weiten sich diese Gefäßmuskeln und ziehen sich danach wieder zusammen. So befördern sie das Blut und unterstützen den Herzauswurf aktiv.

Da die Muskelzellen der Aderwand wie alle anderen Körperzellen auch Sauerstoff brauchen, werden sie wiederum von kleinsten Gefäßen versorgt, die durch die äußere Schicht in die Media ziehen. Auch diese sogenannten Vasa Vasorum (lat. für „Blutgefäße der Blutgefäße“) spielen bei der Entwicklung von Arteriosklerose eine Rolle.

Die äußere Schicht (Adventitia)

Die Adventitia ist eine feste Bindegewebshülle und grenzt das Blutgefäß gegen das umliegende Gewebe ab. Gleichzeitig verankert das Bindegewebe die Blutbahn so im Körper, dass sie nicht verrutscht, Falten bildet oder abgeklemmt wird.

Die dreischichtige Aderwand ist elastisch und extrem stabil, sodass sie der dauernden Druckbelastung standhält, ohne auszuleiern. Ihre Muskeln dürfen nie ermüden, wachsender Druck – etwa durch wachsende Fettpolster oder Verspannungen – darf sie nicht verschließen. Das größte Risiko für dieses lebenserhaltende System ist das, was wir durch unsere Ernährungsweise hineinlassen.

Wenn das Gefäßsystem krank wird

Das Innere unserer Blutgefäße können wir nicht sehen, Ablagerungen und Verengungen verursachen keine Schmerzen und sind nicht hässlich. Schlechte Blutwerte riechen nicht. Deswegen werden sie nicht bemerkt und das Risiko, für das sie stehen, nicht ernst genommen.

Im Folgenden erhalten Sie einen Überblick über Krankheiten, die Ihre Gefäße bedrohen, um sie besser erkennen und vermeiden zu können.

Geschädigte Adern: Arteriosklerose

„Verkalken" ist der Inbegriff des körperlichen Altwerdens. Wenn Menschen mit zunehmendem Alter weniger beweglich, leistungsfähig und schließlich vergesslich werden, so führen wir das auf „verkalkte" Blutgefäße zurück. Tatsächlich gilt die sogenannte Arteriosklerose – oder korrekt Atherosklerose – als altersbedingte Abnutzungserscheinung, der ganz normale Alterungsprozess. Dass diese Sicht falsch ist, zeigen Untersuchungen an bestimmten Naturvölkern, die auch in hohem Alter keine Ablagerungen in den Blutgefäßen haben.

Was ist was: Arteriosklerose oder Atherosklerose?

Die beiden Begriffe werden oft gleich benutzt. Medizinisch korrekt ist das allerdings nicht. Arteriosklerose bezeichnet generell Erkrankungen der Aderwände von Arterien. Die Bezeichnung Atherosklerose ist präziser: Sie steht für die Ablagerung fetthaltiger Plaques in der Aderwand. Atherosklerose ist also eine arteriosklerotische Erkrankung. In diesem Buch verwenden wir den weniger präzisen, aber gebräuchlicheren Begriff Arteriosklerose für das Phänomen, dass Ablagerungen aus Fett, Blutzellen und Kalk die Aderwand krankhaft verändern.

Was aber passiert genau, wenn sich die Adern aufgrund von Arteriosklerose verändern? Das Blut, das durch unser Adersystem rauscht, hat viele Funktionen. Es versorgt die Gewebe mit Sauerstoff und Nährstoffen. Es transportiert Botenstoffe und Hormone, Immunzellen und Abbauprodukte. Für die Entstehung der Arteriosklerose besonders wichtig sind die Thrombozyten oder Blutplättchen, die dafür sorgen, dass das Blut gerinnt. Außerdem spielen die sogenannten Mastzellen eine Rolle. Das sind weiße Blutkörperchen, die bestimmte Formen von Cholesterin aufnehmen und Fettablagerungen bilden können.

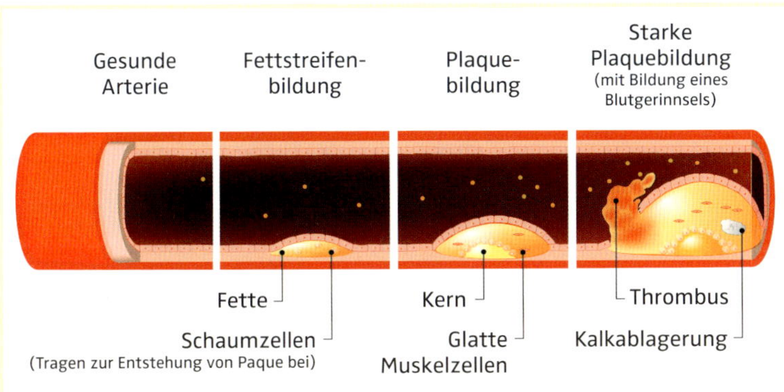

Stadien der Arteriosklerose

Darüber, wie Arteriosklerose beginnt, gibt es zwei Theorien. Die eine geht davon aus, dass die Erkrankung mit einer Verletzung beginnt – etwa so, wie ein Rohr zu korrodieren anfängt, wenn die Innenverzinkung an einer Stelle schadhaft ist. Solange die Innenwand des Blutgefäßes intakt ist, gleiten Blutzellen, Flüssigkeit und alle Inhaltsstoffe an der Aderwand vorbei. Erst mit einer Verletzung der zarten Intima beginnt der gefährliche Prozess, an dessen Ende das Blutgefäß versteift, verengt und verstopft. Das passiert oft an Stellen, die durch besonders hohen Druck, durch Dehnung oder erhöhte Reibung etwa an Verzweigungen oder Biegungen stark beansprucht sind.

Aber nicht nur mechanische Belastungen können die Ader schädigen. Antikörper gegen Bakterien und Viren können auch Zellen der Aderwand angreifen. Außerdem schädigen Nikotin und seine Abbauprodukte die Zellen.

Cholesterin ist ein lebenswichtiger Stoff, der für den Aufbau von Zellwänden und Hormonen wichtig ist.

Die andere Theorie geht davon aus, dass der gefährliche Prozess seinen Anfang in der Gefäßwand nimmt. Hier spielen Blutfette wie Cholesterin eine wichtige Rolle. Cholesterin ist ein lebenswichtiger Stoff, der für den Aufbau von Zellwänden und Hormonen wichtig ist. Er wird über den Darm aus der Nahrung aufgenommen, die Leber bildet den Stoff aber auch selbst.

Weil Cholesterin nicht wasserlöslich ist, kann es nicht von allein in die Blutgefäße gelangen, sondern verwendet sogenannte Lipoproteine als Transportkapseln. Man unterscheidet das voluminösere LDL (Low Density Lipoprotein) und das „gute" HDL (High Density Lipoprotein).

LDL-Cholesterin wird oft als „schlecht" oder „böse" bezeichnet. Dabei ist es an sich nicht gefährlich. Solange es im Blut zirkuliert, sorgen Antioxidantien und HDL-Cholesterin dafür, dass es nicht oxidiert. Erst wenn LDL-Cholesterin in die Gefäßwand einwandert, kann es ranzig werden (oxidieren), und dann wird es gefährlich: Bestimmte weiße Blutkörperchen, die Makrophagen (Fresszellen), nehmen es auf. Dadurch schwellen die Fresszellen an und werden zu sogenannten Schaumzellen. Sie sind in der Gefäßwand als gelbe Fettstreifen sichtbar. Solche „fatty streaks" entstehen besonders dort, wo das Endothel angegriffen ist.

Die Schaumzellen sondern Botenstoffe ab, die Entzündungen fördern. Das Gewebe der Aderwand schwillt an und reagiert mit den Cholesterinverbindungen. Fett, Entzündungszellen und Kalk bilden dann feste harte Ablagerungen, die sich nie mehr auflösen. Selbst wenn die Entzündungen abheilen und das Gewebe abschwillt, engen die sogenannten Plaques den Innenraum des Blutgefäßes (Lumen) dauerhaft ein. Außerdem werden die Adern starrer und spröder.

Chronische Entzündungen der Gefäßwand

Die mittlere Schicht der Gefäßwand kann dauerhaft mit Entzündungen kämpfen. Unbemerkt ist die Entzündung mal mehr, mal weniger aktiv. Sie beginnt damit, dass sich weiße Blutkörperchen (Monozyten, Mastzellen und Fresszellen) an die Gefäßinnenschicht heften. An der glatten Oberfläche des Endothels können sie sich mithilfe spezieller Adhäsionsmoleküle festhalten, sodass sie nicht vom Blutstrom fortgerissen werden.

Kleine Moleküle (chemotaktische Faktoren) locken die Zellen dann in die Media. Die beweglichen weißen Blutzellen quetschen sich durch das Endothel in das Gewebe der Media. Darauf reagieren die Muskelzellen und bilden Entzündungsbotenstoffe (Interleukine und Nekrosefaktoren) sowie Stoffe, die den Zusammenhalt der Gewebezellen auflösen (Proteoglykane und Metallproteinasen).

Die Aderwand wird dadurch instabil. Deshalb kann eine Entzündung der Gefäßwand das betroffene Gefäß nicht nur einengen oder gar verschließen, sondern auch Aussackungen (Aneurysmen) begünstigen.

Alles dicht: Der Infarkt

Fetteinlagerungen in der Gefäßwand, Plaques aus Fett und Kalk sowie Entzündungsreaktionen spielen sich allesamt unterhalb der Intima ab. Sie haben also keinen Kontakt zum Blut, das durch das Innere der Ader fließt – bis die Intima reißt. Wenn das passiert, strömen die Blutzellen direkt an der Verletzung vorbei, und das natürliche Notfallprogramm läuft ab: Die Blutgerinnung startet.

Zuerst lagern sich Blutplättchen an die verletzte Stelle an, die das Gefäß abdichten. Meist bildet sich ein Blutpfropf (Thrombus), der das Gefäß weiter verengt. Eventuell organisiert sich das Blutgerinnsel im Blutstrom zu einem glatten Gebilde. Davon merken die Betroffenen nichts. Erst, wenn der Pfropf das Gefäß komplett blockiert, kommt es zum Infarkt. Der Verschluss kann an der Stelle auftreten, an der der Pfropf entstanden ist. Manchmal werden Thromben auch weitertransportiert und führen an anderer Stelle zu einem Verschluss.

Ist ein Blutgefäß verstopft, gelangt kein Blut mehr hindurch, und die Gewebe, die normalerweise über diese Blutbahn erreicht werden, sind von der Versorgung mit Sauerstoff und Nährstoffen abgeschnitten. Infarkte, also komplette Aderverschlüsse, können ohne dramatische Folgen verlaufen, wenn das betroffene Gewebe auch über andere Gefäße versorgt wird oder eine Unterversorgung ohne schlimme Schäden aushält. Der Körper ist erstaunlich flexibel und baut alternative Versorgungswege aus, wenn der Blutfluss an einer Stelle stockt. Parallel verlaufende Blutgefäße können dann verhindern, dass Gewebe aus Sauerstoffnot abstirbt. Dramatisch wird es immer dann, wenn Blutgefäße im Gehirn oder am Herzen betroffen sind.

Besonders gefährdet: Herzkranzgefäße

Die Herzkranzgefäße oder Koronararterien versorgen den Herzmuskel mit Sauerstoff und Nährstoffen.

Die Herzkranzgefäße oder Koronararterien sind die Adern, die den Herzmuskel mit Sauerstoff und Nährstoffen versorgen. Sie entspringen der Hauptschlagader direkt nach dem Abgang aus der linken Herzkammer und winden sich um das Herz herum.

Es gibt zwei große Koronararterien, die mit ihren Verästelungen das ganze Herz erreichen. Sie füllen sich zwischen den einzelnen Pumpstößen des Herzens mit Blut. Diese beiden Arterien sind unterschiedlich groß. Bei manchen Menschen teilen sich die beiden den etwa faustgroßen Herzmuskel hälftig auf; bei anderen versorgt eine fast das gesamte Herz. An vielen Stellen sind die Äste der beiden Hauptversorgungsleitungen auch verbunden.

Trotzdem kann der Körper am Herzen nicht einfach einen Umgehungskreislauf bilden, wenn ein Blutgefäß verstopft ist. Der Verschluss einer Koronararterie führt deshalb immer dazu, dass der Herzmuskel nicht mit Sauerstoff versorgt wird und das Herz nicht richtig arbeiten kann. Probleme der Herzkranzgefäße sind deshalb immer lebensbedrohlich.

Herzkrank oder gefäßkrank?
Es gibt vier große Gruppen von Herzerkrankungen:

- Herzrhythmusstörungen
- Herzklappenerkrankungen
- Herzmuskelerkrankungen
- Durchblutungsstörungen des Herzens, vor allem der Herzkranzgefäße

Die letzte Gruppe, die koronaren Herzerkrankungen, machen 80 Prozent aller Herzerkrankungen aus. Sie entstehen, wenn die Herzkranzgefäße aufgrund von Arteriosklerose nicht richtig durchblutet werden. Genaugenommen sind es also Gefäßerkrankungen.

Plötzlich und bedrohlich: Herzinfarkt

Im Englischen heißt der Herzinfarkt „heart attack“, Herzattacke. Weil er so plötzlich auftritt und so bedrohlich ist, ein passendes Wort. Ein Herzinfarkt (auch Myokardinfarkt) entsteht, wenn ein Herzkranzgefäß verschlossen ist und der Herzmuskel nicht mehr ausreichend mit Sauerstoff versorgt wird, sodass er seine Arbeit nicht mehr gut verrichten kann.

Er zeigt sich bei Männern in der Regel mit plötzlichen starken Schmerzen in der Brust, hinter dem Brustbein oder im vorderen linken Brustbereich. Die Schmerzen können drückend, stechend oder brennend sein und strahlen oft aus – etwa in den linken Arm, in den Oberbauch oder den Rücken, die Schulter oder den linken Kiefer. Bei Frauen sind die Beschwerden oft weniger spezifisch. Sie klagen eher über Enge in der Brust oder ein Druckgefühl und reagieren mit Kurzatmigkeit, Übelkeit und Bauchschmerzen.

Ein Herzinfarkt muss immer sofort behandelt werden! Je schneller, desto eher kann man den Schaden am unterversorgten Herzen begrenzen. Bekommt der Herzmuskel länger keinen Sauerstoff, stirbt er innerhalb weniger Stunden ab – der Betroffene stirbt einen plötzlichen Herztod.

Im Krankenhaus wird das verengte Herzkranzgefäß aufgeweitet und mit einer Gefäßstütze (Stent) offen gehalten. Medikamente können das Blutgerinnsel auflösen. Manchmal ist eine Bypass-Operation notwendig. Dabei werden die Blutgefäße so verändert, dass die verschlossene Stelle umgangen und die Sauerstoffversorgung wiederhergestellt oder wenigstens verbessert wird. Mediziner sprechen von einem aortokoronaren Bypass, weil die neu gelegte Versorgung von der Hauptschlagader (Aorta) zu den Herzkranzgefäßen reicht. Dafür wird nach Möglichkeit eine geeignete körpereigene Arterie verwendet oder eine Vene aus dem Bein.

Herzleiden in Deutschland in Zahlen

6 Millionen Menschen leiden an koronarer Herzkrankheit.
240.000 Menschen werden jährlich mit einem Stent versorgt.
73.459 Menschen starben 2019 an koronarer Herzkrankheit.
44.282 Menschen starben an Herzinfarkt.
35.000 Bypass-Operationen werden jährlich in Deutschland durchgeführt.[4]

Engpass im Kopf: Schlaganfall

Schlaganfälle sind nach Herzinfarkt und Krebs die häufigste Todesursache in Deutschland.

Entsteht ein Infarkt im Gehirn, spricht man von einem Schlaganfall (Apoplex). Verstopft eine Ader im Gehirn, geraten Hirnzellen in Sauerstoffnot. Nach Angaben der Deutschen Schlaganfallhilfe erleiden jedes Jahr knapp 270.000 Menschen in Deutschland einen Schlaganfall. In der Folge sterben rund 20 Prozent von ihnen innerhalb der folgenden vier Wochen, nach einem Jahr sind es 37 Prozent. Damit sind Schlaganfälle nach Herzinfarkt und Krebs die häufigste Todesursache in Deutschland.

Die Überlebenden müssen häufig mit Einschränkungen zurechtkommen. Rund eine Million Menschen in Deutschland lei-

4 32. Deutscher Herzbericht 2020, hrsg. von der Deutschen Herzstiftung e.V.

den an den Folgen eines Schlaganfalls: Sie haben Fähigkeiten wie Sprechen oder Laufen verloren, können bestimmte Körperregionen nicht mehr gut steuern oder sind geistig eingeschränkt.

Das Blutgerinnsel, das im Kopf den Schlaganfall auslöst, stammt oft aus der Halsschlagader. Schätzungen zufolge ist die Halsschlagader bei mehr als einer Million Deutschen so durch Plaques verengt, dass das Innenvolumen um die Hälfte verringert ist. Das Blut fließt also doppelt so schnell durch die Engstelle, was wiederum das Risiko erhöht, einen möglichen Blutpfropf an der Aderwand abzureißen und ins Gehirn zu transportieren, wo er ein Gefäß verschließen kann.

Deshalb raten Ärzte Menschen über 65 Jahre, die aufgrund von Bluthochdruck, Diabetes oder anderen Vorerkrankungen besonders gefährdet sind, regelmäßig die Halsschlagader untersuchen zu lassen. Ein Ultraschall zeigt die Ablagerungen im Blutgefäß, sodass man vorbeugen kann: Im Extremfall wird die verkalkte Schlagader chirurgisch ausgeschält oder mit einem Stent versorgt. Öfter helfen Medikamente sowie eine gesündere Ernährung und Bewegung.

Zunächst harmlos: Beininfarkt

Versteifte und verstopfte Adern sind nicht nur in Herz und Hirn gefährlich. Auch in den Beinen sowie – seltener – in den Armen und im Bauchraum können Blutpfropfen dramatische Folgen haben. Auch hier können Plaques die Blutgefäße verengen oder ganz verschließen.

Die Durchblutungsstörungen, die dadurch entstehen, äußern sich zunächst harmlos: Der Oberschenkel oder Knöchel schmerzt, oder die Wade verkrampft sich beim Gehen. „Schaufensterkrankheit“ nennt man das Frühstadium, in dem das Gehen unangenehm bis qualvoll wird und die Betroffenen immer wieder stehen bleiben müssen – am unauffälligsten vor Schaufenstern. Ärzte sprechen von einer peripheren arteriellen Verschlusskrankheit

(PAVK). Auch kalte, blasse Haut und schlecht heilende Wunden an den Beinen deuten auf PAVK hin. Schreitet die Krankheit weiter fort, tut das Bein auch in Ruhe weh, schließlich stirbt auch hier Gewebe ab.

Weil die Durchblutungsstörungen der Beine viel mit der Lebensweise zu tun haben, also mit Ernährung, Bewegung und Rauchen, hat sich die Bezeichnung „Raucherbein" eingebürgert. Sie allerdings ist irreführend. Auch ohne zu rauchen leiden geschätzte 20 Prozent der über 70-Jährigen an Durchblutungsproblemen der Beine: Nach Angaben der Deutschen Gesellschaft für Gefäßchirurgie und Gefäßmedizin leiden rund 4,5 Millionen Menschen an einer PAVK. Als Hauptrisikofaktoren gelten hoher Blutdruck, Fettstoffwechselstörungen und Diabetes, also allesamt Faktoren, auf die die Ernährung maßgeblichen Einfluss hat.

Durchblutungsbeschwerden der Beine werden oft nicht ernst genommen.

Die Durchblutungsbeschwerden der Beine werden oft nicht ernst genommen, bis es zum Verschluss kommt – dem Beininfarkt. Wenn das Gewebe im Bein nicht schnell wieder mit Sauerstoff versorgt wird, ist es nicht zu retten.

Allein zwischen 2010 und 2015 stieg die Häufigkeit von PAVK in den entwickelten Ländern um 4,5 Prozent. Mit den steigenden Fallzahlen verbessert sich zwar die medizinische Versorgung, doch zeigen die Daten, dass zu wenig für die Vermeidung der Erkrankung getan wird. Im Jahr 2000 wurden in Deutschland noch 60.000 Beine wegen Mangeldurchblutung amputiert. Heutzutage können Gefäßchirurgen die Gliedmaßen oft retten. Sie weiten das verengte Gefäß (Ballondilatation), halten es mit einem Stent offen, entfernen die Ablagerungen aus der Ader oder ersetzen den verschlossenen Aderabschnitt durch eine körpereigene Vene oder eine Gefäßprothese. Heutzutage werden rund 16.000 Amputationen im Jahr durchgeführt. Auch diese wären oft vermeidbar.

Weil die periphere arterielle Verschlusskrankheit weniger bekannt ist und man an einem fehlenden Bein nicht stirbt, ist diese Volkskrankheit weniger gut untersucht als Herzinfarkt und

Schlaganfall. Die Leitlinien, die von Fachgesellschaften herausgegeben werden, damit behandelnde Ärzte sich daran orientieren, geben keine Ernährungsempfehlung.

Dass auch diese Gefäßerkrankung genauso ernährungsbedingt ist wie alle anderen, erscheint dabei offensichtlich. Der Hamburger Mediziner Peer Daniels hat die Datenlage dazu untersucht[5] und stellte fest, dass selbst die vergleichsweise übersichtliche Literatur zeigt, dass eine adergesunde Ernährung nicht nur Beininfarkte vermeiden hilft, sondern generell die Durchblutung von Armen und Beinen sichern kann.

Sowohl die mediterrane Diät als auch die DASH-Diät sowie generell ein Mehr an Obst und Gemüse verhindern erwiesenermaßen Durchblutungsstörungen in den Extremitäten (mehr dazu im Abschnitt „Welche Ernährung ist die beste?“ ab S. 42).

Wo wird es eng: Spinalstenose oder Gefäßstenose?

Schmerzen und Missempfindungen in den Beinen können zwei Ursachen haben: Ein verrutschter Wirbel kann das Rückenmark einengen, sodass die Beinnerven eingeklemmt sind. Eine solche „Spinalstenose“ führt dazu, dass man nicht mehr weit gehen kann und die Beine taub werden oder kribbeln. In schlimmen Fällen kommt es zu Lähmungen.

Eine andere Ursache ist ein verstopftes Blutgefäß im Bein. Ob die Nerven oder der Blutfluss eingeengt sind, kann jeder Patient gut selbst erkennen: Wenn das Gehen schmerzt und die Schmerzen sich bessern, wenn man stehenbleibt, ist es vermutlich ein Durchblutungsproblem. Bessern sich die Schmerzen erst im Sitzen und ist Treppengehen abwärts schlimmer als aufwärts, spricht das für eine Spinalstenose. Zum Arzt sollte man in beiden Fällen.

---

5 Daniels, P., et al. (2018). „Ernährung und periphere arterielle Verschlusskrankheit – Teil 1.“ Gefäßchirurgie 23(8): 592–599 und Daniels, P., et al. (2019). „Ernährung und periphere arterielle Verschlusskrankheit – Teil 2.“ Gefäßchirurgie 24(1): 62–64.

Risiko: Blut(hoch)druck

Damit das Blut auch die entfernteste Körperzelle erreicht, nirgends stockt und zuverlässig zurück ins Herz strömt, müssen die Blutgefäße elastisch sein und den Druck, den das Herz mit seinen Pumpschlägen erzeugt, erhalten und weitergeben. Wenn sich das Herz zusammenzieht und das Blut aus dem Herzen in die Hauptschlagader presst, ist der Druck besonders hoch (systolischer Druck), und wenn sich das Herz danach wieder füllt, sinkt der Druck vorübergehend ab (diastolischer Druck).

Was sagen die Blutdruckwerte aus?

Blutdruck wird in Millimeter Quecksilbersäule, abgekürzt mmHg, gemessen und mit zwei Zahlen angegeben, dem höheren systolischen und dem niedrigeren diastolischen Druck.

- Als normal gelten Werte von 120–129 (Systole) und 80–88 mmHg (Diastole),
- grenzwertig („hoch normal") sind Werte von 130–139 und 85–89 mmHg,
- als leichter Bluthochdruck gilt 140–159 und 90–99 mmHg,
- als mittelschwerer Bluthochdruck 160–179 und 100–109 mmHg,
- schwerer Blutdruck ist über 180 und über 110 mmHg.

Nach diesen Grenzwerten haben 20 bis 30 Millionen Deutsche Bluthochdruck. Drei von vieren wissen davon und 88 Prozent der Diagnostizierten lassen ihren Blutdruck behandeln.

Es ist normal, dass der Blutdruck nicht immer gleich ist.

Es ist normal, dass der Blutdruck nicht immer gleich ist. Bei Aufregung und körperlicher Anstrengung schlägt das Herz schneller und kräftiger, der Druck erhöht sich. Bei gesunden Menschen geht er danach aber wieder zurück. Nur wenn der Druck dauerhaft hoch bleibt, spricht man von Bluthochdruck.

Schuld sind hier die Blutgefäße, die nicht mehr elastisch sind, sondern rigide und verengt. Damit beginnt ein Teufelskreis, denn hoher Blutdruck belastet die Gefäße, die daraufhin dickere Wände entwickeln und versteifen. Doch die Ursachen für das Volksleiden Hochdruck sind ebenso vielfältig wie schwer zu fassen. Die Neigung wird vererbt, mit dem Alter steigt das Risiko.

Außerdem erhöht Übergewicht den Druck: Wer besonders viel Körpermasse hat, dessen Herz muss mehr Zellen versorgen und dafür stärker pumpen. Bauchfett fördert zudem Entzündungsprozesse im Körper – das wiederum fördert Arteriosklerose. Auch Alkohol und Rauchen erhöhen den Blutdruck, ebenso Stress und ungesunde Ernährung. Bei manchen Menschen treibt auch zu viel Salz den Druck in die Höhe.

Und warum ist das gefährlich? Hoher Blutdruck ist der Hauptrisikofaktor für Schlaganfall und Herzinfarkt und die Hauptursache für die Gefäßschäden, die dazu führen. Wenn das Blut immer und immer wieder mit hohem Druck in zarte Gefäße schießt, leidet die Aderwand. Sie muss dicker werden, um der Belastung weiterhin standzuhalten, und wird es auch. Doch eine verdickte Gefäßwand ist weniger elastisch, was den Druck weiter steigert. Zunächst sind feinste und feine Arterien betroffen. Wenn der Strömungswiderstand in ihnen steigt, erhöht das auch den Druck auf die vorgeschalteten größeren Arterien, die ebenfalls verdicken und versteifen. Die Gefäße altern vorzeitig, und zusammen mit HDL-Cholesterin und Entzündungsreaktionen bilden sich Plaques.

Herzflimmern

Hoher Blutdruck belastet nicht nur die Gefäße, sondern auch das Herz selbst. Es reagiert mit sogenanntem Vorhofflimmern. Das ist eine Herzrhythmusstörung, bei der sich die beiden Herzvorhöfe (die beiden kleinen Herzkammern) unter dem ständigen Druck nicht mehr richtig und regelmäßig zusammenziehen, sondern angespannt vor sich hin zittern. Die Muskeln zucken chaotisch in einer hohen Frequenz. Dadurch bilden sich im Herzvorhof kleine Blutgerinnsel. Wenn sie vom Blutstrom mitgerissen werden, können sie im Gehirn besonders gefährliche Infarkte auslösen.

Und die Hochdruck-Arteriosklerose-Spirale dreht sich immer noch weiter: Je höher der Blutdruck, desto wahrscheinlicher ist es, dass der Blutstrom Blutgerinnsel und Plaquematerial von der Aderwand mitreißt und damit einen Herzinfarkt oder Schlaganfall verursacht.

Akute Lebensgefahr: Aneurysma

Viele Gewebe verlieren im Laufe der Jahre ihre Spannkraft, Elastizität und Form.

Bei Maschinen spricht man von Materialermüdung, und auch in unserem Körper verlieren viele Gewebe im Laufe der Jahre ihre Spannkraft, Elastizität und Form. Zu den normalen altersbedingten Veränderungen gehört auch, dass Blutgefäße sich weiten. Häufig bilden sich ballonartige Aussackungen, sogenannte Aneurysmen.

Am häufigsten findet man ein Aneurysma an der Bauchschlagader, jenem bis zu zwei Zentimeter dicken Blutgefäß, das das sauerstoffreiche Blut aus dem Herzen in den Unterleib in Richtung der Beine führt, bis es sich auf Nabelhöhe in die beiden Beinschlagadern aufgabelt. Aber auch im Gehirn treten solche Aussackungen auf – in Deutschland tragen zwei Millionen Menschen ein Aneurysma im Kopf.

Wie die anderen Gefäßerkrankungen auch verursacht ein Aneurysma lange keine Schmerzen und bleibt deshalb in der Regel unbemerkt. Je größer die Aussackung ist, desto gefährlicher ist sie, denn irgendwann hält die überdehnte Aderwand dem Druck nicht mehr stand und reißt. Dann herrscht akute Lebensgefahr. 12.000 lebensbedrohliche Hirnblutungen durch gerissene Aneurysmen gibt es allein in Deutschland, und jedes Jahr sterben 2000 Menschen an einem gerissenen Bauchaorten-Aneurysma.

Die Ursache für die gefährlichen Ausbeulungen ist meist Arteriosklerose. Die Einlagerungen in der mittleren Gefäßwand versteifen das Blutgefäß an der Stelle. Wenn der Herzschlag frisches Blut in die Arterie pumpt, federt die Muskelschicht der Media an der Stelle, wo eine Plaque sitzt, nicht mit – die angrenzenden

Bereiche werden dadurch mehr belastet. Sie weiten sich, werden dadurch dünner und schwächer, und auch hier entsteht ein Teufelskreis: Weil die Gefäßwand geschwächt ist, leiert sie weiter aus, was sie wiederum schwächt. Das Ganze geschieht oftmals vollkommen symptomfrei – bis es mit dem Riss zur Katastrophe kommt.

Diese Formen gibt es:

- Beim echten Aneurysma (Aneurysma verum) sind alle drei Schichten der Arterie durchgängig erhalten, aber sackartig erweitert.
- Das falsche Aneurysma (Aneurysma spurium) ist kein Aneurysma, sondern ein Bluterguss um das Blutgefäß. Das Blut fließt durch ein Leck in der Gefäßwand, und das umliegende Gewebe dichtet den Bluterguss ab.
- Beim gespaltenen Aneurysma (Aneurysma dissecans) ist eine Schicht der Gefäßwand bereits eingerissen, sodass sich das Blut zwischen den Schichten der Aderwand sammelt.

Ein Aneurysma bildet sich nie mehr zurück. Gefäßchirurgen können Bauchaneurysmen mithilfe eines Stents stabilisieren oder den defekten Gefäßabschnitt durch eine Prothese ersetzen. Diese Eingriffe werden in der Regel minimalinvasiv ausgeführt.

> Ein Aneurysma bildet sich nie mehr zurück, bei gefäßgesunder Ernährung kann man damit aber gut alt werden.

Auch im Gehirn können Chirurgen ein Aneurysma minimalinvasiv stabilisieren. Beim „Coiling" wird das Gefäß mithilfe eines Stents stabilisiert und die Aussackung mit feinen Platinspiralen gefüllt. Dort lagern sich Blutplättchen an, verklumpen und schließen somit den zusätzlichen Raum, sodass kein Blut mehr hineinfließen und die dünne Aderwand dehnen und damit zerreißen kann. Weniger schonend ist das „Clipping", weil dafür der Schädel geöffnet werden muss. Dann verschließt der Chirurg das Aneurysma mechanisch mithilfe eines Clips.

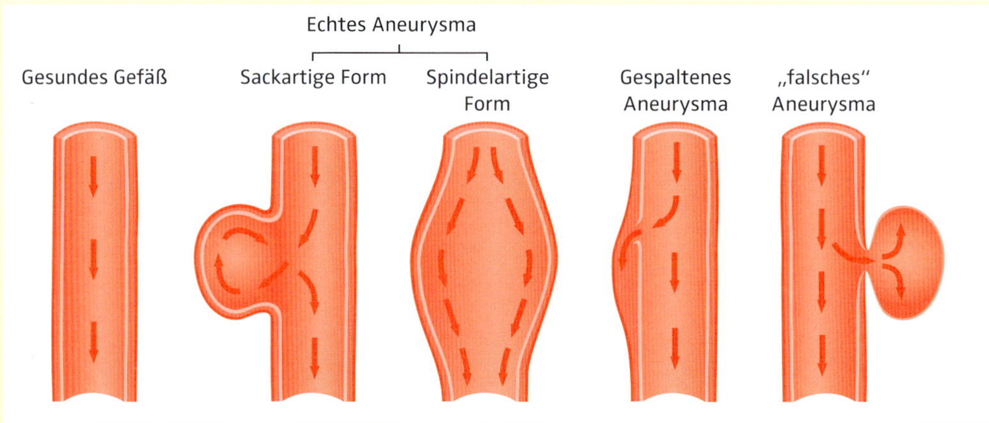

Formen von Aneurysmen

Ist ein Aneurysma noch klein oder gut stabilisiert, kann man damit gut alt werden. Voraussetzung dafür ist allerdings, dass der Lebensstil gesund für die Gefäße ist. Der Blutdruck muss konsequent niedrig gehalten werden, eine gesunde Ernährung sowie Bewegung helfen, die gefährdeten Gefäße intakt zu halten.

Die richtige Ernährung heilt

Elastische Blutgefäße wiederherstellen

Die Zahlen zu Bluthochdruck, Arteriosklerose, Schlaganfällen und Herzinfarkt, zu Invaliden und Toten sind schwindelerregend. Das Leid, das hinter diesen Zahlen steht, ist unaussprechlich. Menschen verlieren durch verengte Adern ihre Liebsten, ihre Sprache, ihre Selbstständigkeit, ihr Bein, ihre Leistungsfähigkeit, ihr Leben.

Doch die gute Nachricht lautet: Arteriosklerose mit ihren Folgen ist kein Schicksal. Jeder kann leicht sein Risiko senken, indem er auf seinen Lebensstil achtet. Wie kaum eine andere Erkrankung ist Arteriosklerose mit Ernährung und Bewegung verknüpft. Wir essen mindestens dreimal am Tag – damit haben wir es in der Hand, Tag für Tag etwas für gesunde Adern und ein langes gesundes Leben zu tun.

Selbst wenn ein Ultraschall der Halsschlagader bereits arteriosklerotische Plaques zeigt, selbst wenn der Blutdruck erhöht ist und sogar nach einem Schlaganfall oder Herzinfarkt kann eine Ernährungsumstellung die Prognose massiv verbessern. Das zeigt eine beeindruckende Menge an seriösen Studien.

Empfehlungen dazu, was empfehlenswert ist und gesund, gibt es allerdings viele. Sie unterliegen Moden – mal wurde Fett verteufelt, dann Kohlenhydrate. Eine Zeitlang empfahlen Experten, immerzu kleine Mahlzeiten zu essen („Grazing"), derzeit ist der tägliche Verzicht beim Intervallfasten der letzte Schrei. Weil wir so oft, so viel und so verschiedenes essen, ist es schwer, sicher festzustellen, was welchen Effekt hat. Bevor wir also Empfehlungen für eine adergesunde Ernährung geben, lohnt es sich zu verstehen, wie solche Empfehlungen zustande kommen – und wie nicht.

Was wir essen, beeinflusst die Gesundheit. Diese Erkenntnis ist so alt wie die Menschheit. Bereits der griechische Arzt Hippokrates (460–377 v. Chr.) behandelte Übergewicht – „Schlemmerei und Trägheit" – mit streng vegetarischer Kost und prägte den Satz: „Eure Nahrung sei eure Medizin, und eure Medizin sei Nahrung." Aus der historischen indischen Heilkunst Ayurveda stammt der Grundsatz: „Wenn die Ernährung falsch ist, hilft Medizin nicht; wenn die Ernährung stimmt, braucht man keine Medizin."

Was wir essen, beeinflusst die Gesundheit. Diese Erkenntnis ist so alt wie die Menschheit.

Nahrungsmittel: Der aktuelle Forschungsstand

Die Geschichte medizinischer Ernährungsempfehlungen ist lang und sie aufzuzählen müßig. Uns interessiert die Frage: Was ist wissenschaftlich bewiesen? Tatsächlich ist es aufwendig und schwierig, langwierig und rechnerisch kompliziert, den Effekt unserer Nahrung wissenschaftlich seriös zu belegen. Warum?

Wenn Sie zehn Raucher begleiten und feststellen, dass sie nach einem Monat und selbst nach fünf Jahren keinen Lungenkrebs entwickelt haben, heißt das, dass Rauchen Lungenkrebs gar nicht fördert? Und dann erkranken ja auch Menschen an Lungenkrebs, die nie geraucht haben.

Ob es einen Zusammenhang zwischen Rauchen und Lungenkrebs gibt, kann man nur zeigen, wenn man sehr viele Menschen sehr lange beobachtet. Dazu muss man sauber trennen, was „Raucher" heißt – Ketten- oder Gelegenheitsraucher, welche, die gerade angefangen haben, welche, die schon seit Jahrzehnten rauchen, oder Passivraucher, die nur den Rauch ihrer Mitbewohner einatmen? Auch andere Risikofaktoren müssen rechnerisch einbezogen werden: Das Alter spielt eine Rolle, die Frage, ob jemand im Feinstaub der Großstadt oder auf dem Land lebt, ob er genetisch belastet ist etc. Um eine seriöse, wissenschaftlich fundierte Aussage zum Zusammenhang zwischen Rauchen und Lungenkrebs machen zu können, braucht es viel Zeit, Geld und Wissen zum Datensammeln und -analysieren. Ähnlich verhält es sich mit Nahrungsmitteln.

Was weiß die Wissenschaft also über die Auswirkungen von Obst und Gemüse, Milchprodukten, Fleisch und Fisch, Nüssen, Alkohol, Kohlenhydraten und Fetten, über Ballaststoffe, Mineralien, die mediterrane und die DASH-Diät? Um diese Frage zu beantworten, nahm die Medizinerin Anne-Kathrin Deupmann 30 Studien, 41 Metaanalysen (Studien, die nicht Menschen und ihre Ernährung untersuchen, sondern die Studien darüber) und 15 Registerstudien (Datensammlungen von Patienten, die wegen bestimmter Symptome in Behandlung waren) unter die Lupe.[6] Sie alle arbeiten mit gewaltigen Datensätzen aus Studien, die über Jahre zigtausende Probanden begleitet und verschiedene Parameter erhoben haben – etwa, was sie wie und wann essen, in wel-

---

6 Deupmann, A.-K., et al. (2021). „Evidenzbasierte Ernährung bei zerebrovaskulären und kardiovaskulären Erkrankungen." Ibid.: 1–10.

chen Mengen und Zusammensetzungen, und wie ihre Blutwerte oder ihr Blutdruck aussehen, welche Krankheiten sie entwickeln oder woran sie schließlich sterben.

Wie das Beispiel mit den Rauchern zeigt, muss man sehr genau beobachten und rechnen, um seriöse Aussagen über den Effekt des Lebensstils auf die Gesundheit zu machen. Nehmen wir das Beispiel Fett.

Eine große Literaturanalyse wertete 63 Studien aus, die den Zusammenhang von Fetten und Herz-Kreislauf-Erkrankungen untersuchten.[7] Allein 45 Studien beschäftigen sich mit der Auswirkung der Fettzufuhr auf das Herz-Kreislauf-Risiko. Die Untersuchungen konnten aber keinen Zusammenhang zwischen Arterioskleroserisiko und dem Essen von Fett allgemein feststellen; auch für eine detaillierte Untersuchung von einfach und mehrfach ungesättigten Fetten waren die Ergebnisse nicht signifikant.

Auch eine andere sogenannte Metaanalyse konnte aus 41 Kohortenstudien kein erhöhtes Herz-Kreislauf-Risiko beim Verzehr von gesättigten Fettsäuren feststellen.[8] Doch der Verzehr von Transfettsäuren ging in 20 Studien mit einem deutlich erhöhten Risiko einher, früh zu sterben, an Herz-Kreislauf-Erkrankungen zu sterben und einen Schlaganfall zu erleiden.

Eine Literaturanalyse[9] nahm die Studiendaten noch detaillierter auseinander und stellte fest, dass Menschen, die viel ungesättigte Fettsäuren essen, ein deutlich verringertes Risiko für das Auftreten von Herz-Kreislauf-Erkrankungen haben und deutlich später sterben. Daraufhin rechneten die Forscher noch genauer nach und konnten zeigen, dass die Risikominimierung allein

7 Zhu, Y., et al. (2019). "Dietary total fat, fatty acids intake, and risk of cardiovascular disease: a dose-response meta-analysis of cohort studies." Lipids in Health and Disease 18(1): 1–14.

8 De Souza, R. J., et al. (2015). "Intake of saturated and trans unsaturated fatty acids and risk of all cause mortality, cardiovascular disease, and type 2 diabetes: systematic review and meta-analysis of observational studies." BMJ 351, doi: 10.1136/bmj.h3978.

9 Schwingshackl, L., Hoffmann, G. (2014). "Monounsaturated fatty acids, olive oil and health status: a systematic review and meta-analysis of cohort studies." Lipids in Health and Disease 13(1): 1–15.

dem Olivenölkonsum zuzuschreiben ist. Die gleichen Autoren konnten dann zeigen, dass Olivenöl und mediterrane Ernährung einen schützenden Effekt auf die Blutgefäße haben.[10] Diese Aussagen werden längst von vielen anderen Untersuchungen gestützt.

Es gibt genug Daten, die zuverlässig zeigen können, wie sich die Ernährung auf die Adergesundheit auswirkt.

Einerseits ist es aufwendig, den Effekt einzelner Fette auf die Gesundheit sicher festzustellen. Andererseits gibt es mittlerweile genug Daten, die es möglich machen, zuverlässig zu zeigen, wie sich die Ernährung auf die Adergesundheit auswirkt. Über das Internet sind auch die entlegensten Fachzeitschriften überall zugänglich, und wissenschaftliche Erkenntnis verbreitet sich schnell – ganz besonders, wenn es um Leben und Tod geht und um Essen und Genuss.

Den aktuellen Stand der Forschung zu verschiedenen Lebensmitteln bzw. Lebensmittelgruppen stellen wir im Folgenden kurz dar:

Salz

Ist weniger Salz besser? Das wurde sowohl an Menschen mit Bluthochdruck als auch mit normalem Blutdruck sowie an gemischten Gruppen und an Herzkranken untersucht.[11] Ergebnis: Bei keiner Gruppe hatte verminderter Salzkonsum einen nennenswerten Effekt. Die Masse der Zahlen lässt vermuten, dass weniger Salz gesünder ist, aber ein messbarer Effekt ließ sich nicht seriös nachweisen. Obwohl die Arbeit mit Daten von 7426 Menschen groß ist, wurde sie als nicht aussagekräftig zurückgezogen. Begründung: Die Daten spiegelten nicht die Erfahrung aus der klinischen Praxis, nämlich dass weniger Salz den Blutdruck sehr

---

10 Schwingshackl, L., Hoffmann, G. (2014). "Mediterranean dietary pattern, inflammation and endothelial function: a systematic review and meta-analysis of intervention trials." Nutrition, Metabolism and Cardiovascular Diseases 24(9): 929–939.

11 Taylor, R. S., et al. (2011). "Reduced dietary salt for the prevention of cardiovascular disease: a meta-analysis of randomized controlled trials (Cochrane review)." American Journal of Hypertension 24(8): 843–853.

wohl senkt. Ärztinnen und Ärzte empfehlen, vorsichtig zu salzen, auch wenn sie den Effekt auf die Gefäße nicht nachweisen können. (Genauso schienen Ärzte gebrochene Beine, obwohl keine Studie untersucht hat, ob es nicht besser wäre, das zu lassen.)

Ballaststoffe

Als Ballaststoffe bezeichnet man pflanzliche Fasern, die im Darm aufquellen, aus denen der Mensch aber keine Energie ziehen kann, weil sie unverdaulich sind. Sie verbessern die Verdauung, vor allem dienen sie der Darmflora als Futter und binden Gallensäuren, die an der Fettverdauung beteiligt sind. Dadurch senken sie auf Umwegen den Cholesterinspiegel.

Eine Übersichtsstudie der Universität Harvard, die über 700.000 Teilnehmer einbezog,[12] zeigte, dass Menschen, die täglich mindestens 70 g Vollkornprodukte essen, ein um 20 Prozent verringertes Risiko für Herz-Kreislauf-Erkrankungen haben.

Bewiesen ist: Menschen, die Vollkornprodukte essen, haben ein verringertes Risiko für Herz-Kreislauf-Erkrankungen

12 Zong, G., et al. (2016). "Whole grain intake and mortality from all causes, cardiovascular disease, and cancer: a meta-analysis of prospective cohort studies." Circulation 133(24): 2370–2380.

Obst und Gemüse

Die Bundesregierung ließ sich die Werbung für fünf Portionen Obst und Gemüse am Tag Millionen kosten, und die Menge an Forschungsdaten zum Effekt von Obst und Gemüse ist überwältigend. Der Norweger Dagfinn Aune nahm sich für eine Metaanalyse 66 Studien vor, die den Zusammenhang von Obst, Gemüse und Herz-Kreislauf-Erkrankungen untersuchten.[13] Ergebnis: Schon 200 g Obst am Tag verringern das Risiko für Herz-Kreislauf-Erkrankungen sowie für koronare Herzkrankheit. 200 g Gemüse hatten diesen messbaren Effekt nur auf die koronare Herzkrankheit. Die Datenmasse zeigt auch eine Dosis-Wirkungs-Kurve: Den größten Schutz vor Herz-Kreislauf-Erkrankungen und koronarer Herzkrankheit hat der Konsum von 800 g Obst und 600 g Gemüse am Tag.

Den größten Schutz für das Herz haben 800 g Obst und 600 g Gemüse am Tag

13 Aune, D., et al. (2017). "Fruit and vegetable intake and the risk of cardiovascular disease, total cancer and all-cause mortality – a systematic review and dose-response meta-analysis of prospective studies." International Journal of Epidemiology 46(3): 1029–1056.

Milchprodukte

Joghurt ist gesund, Butter gefährlich, Kefir ist das Getränk der 100-Jährigen, fetter Käse ungesund – die Gesundheitsratschläge zu Milchprodukten sind verwirrend; die Datenlage ist es auch. Immer wieder untersuchen Studien den Effekt von Käse, Quark und Co., doch die Ergebnisse sind unbefriedigend. Kanadische Forscher nahmen für eine systematische Übersichtsarbeit Metaanalysen unter die Lupe.[14]

Manche beschäftigen sich mit Milchprodukten allgemein, andere differenzieren zwischen fermentierten oder fettreduzierten oder speziellen Produkten. Demzufolge haben Milchprodukte generell offenbar einen leicht positiven Effekt auf das Risiko von Herz-Kreislauf-Erkrankungen. Die wenigen Studien, die für bestimmte Produkte wie Käse oder Joghurt zu einer recht sicheren Aussage kommen, finden keinen Effekt von Milchprodukten auf das Aderrisiko, andere, die leichte Effekte andeuten, sind nicht sehr belastbar.

Nüsse

Besser ist die Datenlage für den Verzehr von Nüssen. Mehrere Epidemiologen bearbeiteten die Daten zahlreicher Studien. Sie alle kommen zu dem Ergebnis, dass der Verzehr von Nüssen – und zwar sowohl von Erd- wie von sogenannten Baumnüssen – das Risiko von Herz-Kreislauf-Erkrankungen deutlich senkt. Dazu gehören Wal-, Pecan- und Haselnüsse. Nicht immer bedeuten mehr Nüsse mehr Schutz. Die Häufigkeit von Herz-Kreislauf-Erkrankungen wird mit 10 g Nüssen pro Tag am effizientesten reduziert. Das Risiko daran oder an koronarer Herzkrankheit zu sterben, reduzierte eine Menge von 15 bis 20 g pro Tag am besten.

---

14 Drouin-Chartier, J.-P., et al. (2016). "Systematic review of the association between dairy product consumption and risk of cardiovascular-related clinical outcomes." Advances in Nutrition 7(6): 1026–1040.

Fleisch

Über den Effekt des Fleischkonsums gibt es zwar viele Daten, die Übersichtsarbeiten zeigen aber, dass die Ergebnisse qualitativ unbefriedigend sind. Eine Metaanalyse von 2019 fand in 61 Artikeln über 55 Kohorten, dass eine Reduktion auf drei Portionen Fleisch pro Woche das Sterblichkeitsrisiko durch Herz-Kreislauf-Erkrankungen leicht reduziert.[15]

Eine andere Untersuchung[16] rechnete 105 Artikel über den Fleischverzehr von 70 Kohorten nach und stellte ebenfalls fest, dass weniger rotes Fleisch weniger Herz-Kreislauf-Risiko bedeutet, allerdings sei die Datenbasis nicht sehr solide.

Fette

Fette sind lebensnotwendige Bestandteile des Körpers und enthalten viel Energie.

Fette sind lebensnotwendige Bestandteile des Körpers – im Großen, weil die Fettschicht unter der Haut als Isolierschicht für eine konstante Körpertemperatur sorgt, und im Detail, weil wichtige Teile der Zellmembranen Fette sind. Fett ist für den Stoffwechsel lebensnotwendig. Weil Fett viel Energie enthält, kann es aber dick machen. 1 g Kohlenhydrate enthält 4 kcal, genau wie 1 g Eiweiß. 1 g Fett hat mit 9 kcal mehr als doppelt so viel. Wer auf sein Gewicht achtet, sollte es deshalb klug einsetzen.

Auch im Blut sind Fette unterwegs, vor allem Triglyzeride und Cholesterin (siehe Seite 18). Beide gehören zur Gruppe der Nahrungsfette und stecken in Butter und Wurst. Triglyzeride sind wichtige Energiespeicher. Bei Bedarf stellt der Körper selbst Triglyzeride her, um Energie zu mobilisieren. Diese Fettmoleküle erinnern in ihrer Struktur an eine Kuchengabel: Drei Fettsäuremoleküle sind mit einem Glyzerinmolekül verbunden.

---

15 Zeraatkar, D., et al. (2019). "Red and processed meat consumption and risk for all-cause mortality and cardiometabolic outcomes: a systematic review and meta-analysis of cohort studies." Annals of Internal Medicine 171(10): 703–710.

16 Vernooij, R. W., et al. "Patterns of red and processed meat consumption and risk for cardiometabolic and cancer outcomes: a systematic review and meta-analysis of cohort studies." Ibid.: 732–741.

Die Fettsäuren sind lange Ketten aus Kohlenstoffatomen, die mit einfachen oder doppelten Bindungen chemisch verknüpft sind. Sie können verschieden lang sein. Je nachdem, wie viele Doppelbindungen im Molekül stecken, gehören sie zur Gruppe der gesättigten, der mehrfach oder einfach ungesättigten Fette.

Wie viel Fett darf es sein?

Die Ernährungsgesellschaften empfehlen, 30 Prozent des Energiebedarfs über Fett zu decken. Kleine Kinder, Schwangere und Stillende sowie Menschen, die schwer körperlich arbeiten, brauchen sogar mehr. Als Richtwerte für die tägliche Fettaufnahme gelten 80 g für Männer und 60 g für Frauen. Dabei sollten gesättigte Fettsäuren maximal ein Drittel ausmachen – das entspricht 26 bzw. 20 g am Tag. Je ein weiteres Drittel soll auf einfach und mehrfach ungesättigte Fette entfallen. Für Cholesterin gilt: nicht mehr als 300 mg pro Tag.

Gesättigte Fette Gesättigte Fette sind vor allem in fetten Milchprodukten wie Butter, Sahne und Käse enthalten, außerdem in rotem Fleisch, Speck und Wurst. Aber auch pflanzliche Fette wie Palmöl und Kokosfett gehören dazu. Sie dienen vor allem als Energiequelle oder -speicher, sind aber auch wichtig für den Aufbau der Zellmembran. Manche gesättigten Fettsäuren sind für den Hormonstoffwechsel wichtig, andere spielen eine Rolle für das Immunsystem.

Gesättigte Fette erhöhen die Blutfette und das Risiko für Herz-Kreislauf-Erkrankungen. Doch nicht alle Fette aus dieser Gruppe haben die gleiche Wirkung. Mittellange Fettsäureketten wie Kokos- und Milchfett erhöhen den Cholesterinspiegel stärker als die langen Ketten wie Palmöl oder Stearinsäure aus Haselnüssen oder Kakaobutter.

17 Renner, B., et al. (2021). „DGE-Positionspapier zur nachhaltigeren Ernährung." Ernährungs Umschau 68(7): 144–154.

Gesättigte Fettsäuren machen Fette fest. Kokosfett besteht zu 87 Prozent daraus, Butter zu 62 Prozent. Je flüssiger ein Fett ist, desto weniger gesättigte Fettsäuren stecken darin. Kokosfett wird oft in Blöcken angeboten. Diese feste Variante enthält zusätzlich gehärtete Fette, die in einem chemischen Prozess aus den ungesättigten Fettsäuren hergestellt werden. Dabei entstehen sogenannte Transfette.

Transfette Transfette sind ungesättigte Fettsäuren mit einer oder mehreren Doppelbindungen in einer bestimmten Form. Sie entstehen sowohl natürlich als auch durch Prozesse der Lebensmitteltechnologie. Der Körper kann sie nicht verstoffwechseln, weshalb sie in den Gefäßen landen. Sie gelten deshalb als besonders ungesund. Transfette erhöhen die Triglyzerid- und LDL-Cholesterin-Spiegel und senken den Anteil an „gutem" HDL-Cholesterin. Damit erhöhen sie nachgewiesenermaßen das Risiko für koronare Herzkrankheit. Besonders frittierte Speisen enthalten viele Transfette und steigern das Risiko, eine Herz-Kreislauf-Erkrankung zu entwickeln und daran zu sterben.[18]

Meiden Sie gehärtete Fette und Frittiertes. Auch Margarine kann Transfette enthalten!

Meiden Sie deshalb gehärtete Fette und Frittiertes. Verwechseln Sie Kokosfett nicht mit dem ungehärteten Kokosöl. Übrigens: Auch Margarine kann Transfette enthalten. Deshalb ist sie nicht unbedingt besser als natürliche Butter. In Maßen genossen sind Butter und Co. nicht bedenklich.

Einfach ungesättigte Fette Die wichtigste Quelle für einfach ungesättigte Fette ist Olivenöl, das hauptsächlich aus Ölsäure besteht. Dieses Fett kann den Spiegel an LDL-Cholesterin senken und gleichzeitig den des „guten" HDL-Cholesterins ansteigen lassen. Am besten ist kalt gepresstes („natives", „virgin" oder „extra

18 Zhu, Y., et al. (2019). "Dietary total fat, fatty acids intake, and risk of cardiovascular disease: a dose-response meta-analysis of cohort studies." Lipids in Health and Disease 18(1): 1–14.

vergine") Olivenöl, ein unbehandeltes Naturprodukt mit einem spezifischen Eigengeschmack, das Sie moderat erhitzen können.

Für raffiniertes Öl werden die Oliven gekocht und unter Dampf mit Phosphorsäure und Natronlauge versetzt. Da dabei die meisten Inhaltsstoffe zerstört werden, setzt man künstliche Vitamine zu, die das Öl haltbar machen. Dieses Öl kann man sehr heiß machen und es hat keinen Eigengeschmack mehr. Gesünder ist das unbehandelte Original.

Eine Metaanalyse untersuchte den Zusammenhang von einfach ungesättigten Fettsäuren und dem Schlaganfallrisiko.[19] Dafür untersuchten die Forscher zehn Studien mit 314.511 Probanden. Ihnen zufolge senkt der Verzehr von z. B. Olivenöl das Schlaganfallrisiko deutlich.

Mehrfach ungesättigte Fettsäuren Die mehrfach ungesättigten Fettsäuren gehören wie Vitamine zu den essenziellen Nährstoffen. Der Körper kann sie nicht selbst herstellen und braucht sie zum Leben. Es gibt zwei Gruppen, die sich in ihrem Bauplan unterscheiden: Omega-6- und Omega-3-Fettsäuren. Beide sind sehr instabil, das heißt, sie verbinden sich leicht mit Sauerstoff und werden ranzig. Leider sind sie auch licht- und hitzeempfindlich.

In der Regel isst man weit mehr Omega-6- als Omega-3-Fettsäuren. Gängig ist bei uns ein Verhältnis von 10:1; die DGE empfiehlt eines von 5:1, die Weltgesundheitsorganisation WHO sogar von 1:1. Ein ausgewogenes Verhältnis der beiden ist wichtig, weil beide Fettsäuren Vorläufer von Botenstoffen sind, die im Körper den Blutdruck und Entzündungsreaktionen steuern. Zu viele Omega-6-Fettsäuren verhindern, dass die Omega-3-Fettsäuren sich zu entzündungshemmenden Molekülen umbauen. Für ein

19 Cheng, P., et al. (2016). "Monounsaturated fatty acid intake and stroke risk: a meta-analysis of prospective cohort studies." Journal of Stroke and Cerebrovascular Diseases 25(6): 1326–1334.

günstiges Verhältnis der beiden wichtigen Fettsäuren sollte man deshalb mehr Omega-3-Fettsäuren zu sich nehmen. Rapsöl enthält genau wie Olivenöl viel Ölsäure, zusätzlich aber zehn Prozent Omega-3-Fette (Olivenöl kommt nur auf ein Prozent).

Die wirksamsten Omega-3-Fettsäuren (EPA und DHA) stecken in fettem Seefisch wie Lachs, Makrele, Hering sowie Algen. Aber auch die pflanzliche Omega-3-Fettsäure alpha-Linolensäure dämpft Entzündungen und verbessert den Blutfluss.[20] Sie steckt in Leinöl, Walnüssen, Chiaöl und Avocados. Am besten essen Sie gequetschte Leinsamen ins Müsli oder Leinöl – in kleinen Mengen frisch aus einer Ölmühle.

Leinöl enthält viele herzgesunde Omega-3-Fettsäuren

Welche Ernährung ist die beste?

Wie macht man aus solchen Einzelbetrachtungen eine vernünftige, praktikable und seriöse Empfehlung? Beispielsweise Käse: Ja oder nein und wenn ja, welchen und wie viel, wie oft und in welcher Kombination? Niemand isst jeden Tag oder auch nur jede Woche das Gleiche. Keine Mahlzeit hat eine festgelegte Zu-

20 von Schacky, C. (2014). "Omega-3 index and cardiovascular health." Nutrients 6(2): 799–814.

sammensetzung, und niemand isst nur zu den Mahlzeiten. Außerdem ist es schwer anzugeben, was genau man gegessen hat. Sind Pommes frites nicht irgendwie Gemüse? Und wie zählen Getränke?

Weil Essen so komplex ist, tut sich die Wissenschaft so schwer, seriöse Angaben über den Effekt von Essen auf den Körper zu machen. Außerdem hat nicht nur die Ernährung einen Einfluss auf die Gesundheit, sondern auch die Frage, ob wir gestillt wurden, uns der Sonne aussetzen, ob wir Rauch oder Feinstaub einatmen, ob wir uns bewegen und ob wir glücklich sind oder einsam. Wenn die Epidemiologen aus den veröffentlichen Daten der unzähligen Ernährungsstudien den Effekt einzelner Nahrungsbestandteile herauslesen und -rechnen, ergeben sich Aussagen wie: Olivenöl ist gesund, Fleisch eher nicht, Käse unentschieden.

> Essen ist komplex, daher tut sich die Wissenschaft schwer, seriöse Angaben über den Effekt auf den Körper zu machen.

Immer wieder haben Kliniken oder Wissenschaftler Diäten entwickelt, die auf wissenschaftlichen Erkenntnissen fußen. Schon 1949 veröffentlichte die US-amerikanische Mayo-Klinik ein Diätbuch, das weltberühmt wurde. Ende des 19. Jahrhunderts entwickelte der New Yorker Arzt William Howard Hay die Trennkost, weil er meinte, dass Eiweiß- und kohlenhydratreiche Lebensmittel nicht zusammen gegessen werden sollten. Er machte Übersäuerung zum Thema und war ein radikaler Impfgegner. Heute ist Trennkost Geschichte, aber Säure-Basen-Diäten sind immer noch Mode.

Seit 1956 empfiehlt die Deutsche Gesellschaft für Ernährung (DGE) den Deutschen, was sie essen sollen. Diese Empfehlungen haben sich immer wieder geändert, weil sie neuen Erkenntnissen angepasst wurden. Heute rät die Institution mit eher vagen Tipps zu einer „vollwertigen Ernährung“.

Die TLC-Diät („Therapeutic Lifestyle Changes“) wurde vom US-Institut für Cholesterin-Bildung entwickelt. Steinzeiternährung oder Flexitarismus ergeben sich aus Empfehlungen. Die Liste von Ernährungsprogrammen, Diäten und Nahrungskonzepten lässt sich endlos fortführen. Gleichzeitig werden wenige Empfehlungen zu gesunder Lebensweise so oft angezweifelt, angegriffen und umgeworfen wie Ratschläge zu gesunder Ernährung. Doch der chaotische Eindruck täuscht.

Auch wenn viele Studien nicht so eindeutig ausfallen, wie man sich das wünschen würde, weiß die Wissenschaft heute sehr genau, welche Art von Ernährung gut für ein langes, gesundes Leben ist. Vier Konzepte wollen wir hier vorstellen: die mediterrane Ernährung, die DASH-Diät, die fettfreie vegane Ernährung sowie das (Intervall-)Fasten.

Mediterrane Ernährung

Heißt „Mittelmeer-Diät" essen wie beim Italiener, Griechen, Spanier oder wie in Südfrankreich? So schön die Vorstellung von Tapas und Serranoschinken, Lasagne und Wein, Steinpilzravioli und Tiramisu ist, Ernährungswissenschaftler meinen mit dem Begriff eine schlichte, pflanzenbasierte Ernährung mit viel Gemüse und Salat, Hülsenfrüchten, frischen Gewürzen und gesunden Ölen.

Geprägt hat den Begriff der US-amerikanische Wissenschaftler Ancel Keys (1904–2004). Der Biologe und Physiologe interessierte sich für die Wirkung verschiedener Nahrungsfette, forschte für die optimale Versorgung von Soldaten im Feld und wurde mit einer Hungerstudie berühmt.[21] 1951 nahm er mit seiner Familie ein Sabbatical in Oxford, wo ein italienischer Kollege erzählte, dass Herzerkrankungen in Italien nicht vorkämen. Daraufhin zog Keys nach Neapel und richtete sich dort ein Labor ein, wo er die Blutwerte der Einheimischen maß. Sie hatten einen sehr niedrigen Cholesterinspiegel.

Daraufhin bereiste Keyes verschiedene Länder um das Mittelmeer, maß Blutwerte und entdeckte ein Muster: die Ernährung der (damals oft bitterarmen) Regionen, der Cholesterinspiegel

21 Minnesota Starvation Experiment: Keys, A., et al. The Biology of Human Starvation Volume II. Minneapolis: University of Minnesota Press, 1950.

und die Häufigkeit von Herzkrankheiten hingen zusammen.[22] Experten bemängelten, dass er den ursächlichen Zusammenhang zwischen Ernährung und Herzgesundheit nicht beweisen konnte – was stimmte. Vielleicht war es Zufall, dass fehlende Herzkrankheiten und ein bestimmter Ernährungsstil in der gleichen Region auftraten.

Zur mediterranen Ernährung wurden 15 Jahre lang Daten gesammelt.

Daraufhin sammelte Keys 15 Jahre lang Daten. Er beobachtete 12.000 gesunde Männer in den USA, Japan, Italien, auf griechischen Inseln, in Jugoslawien, Holland und Finnland. Diese „Sieben-Länder-Studie" erschien 1980 als Buch[23] und machte die sogenannte „Mittelmeer-Diät" bekannt, eine einfache Ernährung, wie sie in den 1960er-Jahren in südlichen Ländern üblich war: viel Gemüse und Obst, Bohnen, Zwiebeln und Knoblauch, Brot und Olivenöl, gelegentlich Fisch. Der Rotwein, den wir damit verbinden, kam damals noch nicht vor.

Keys setzte seine Ernährungsempfehlungen konsequent um und starb mit über 100 Jahren in Neapel. Seine „Diet Heart"-Hypothese, die lange angezweifelt wurde, ist längst belegt. Heute zeigen Stapel von Studien, dass die olivenölreiche und fleischarme Mittelmeerkost Herzinfarkt und Schlaganfall vorbeugt, ebenso Diabetes und Bluthochdruck; sie mildert Rheuma und Demenz und verringert das Krebsrisiko.

2016 wurden die führenden Mediterran-Experten, Ernährungsforscher und Kardiologen aus verschiedenen Ländern befragt, was sie unter mediterraner Ernährung verstehen. Zusammen kamen folgende Punkte:

Als gut werden eingeschätzt:

- Olivenöl (als vorwiegendes Fett, mindestens 4 TL am Tag)
- Nüsse und Mandeln (mindestens dreimal pro Woche, am besten täglich eine Handvoll)

22 Keys, A. (1952). "Human atherosclerosis and the diet." Circulation 5(1): 115–118.
23 Keys, A. (2013). Seven Countries, Harvard University Press.

- viel frisches Obst (am besten dreimal täglich, vor allem Beeren und Trauben)
- viel frisches Gemüse (am besten zwei- bis dreimal täglich)
- Hülsenfrüchte (mehrmals die Woche, am besten täglich)
- Gewürze, Zwiebeln und Knoblauch (wann immer es geht)
- Vollkorngetreide mit viel Ballaststoffen

Als ungesund gelten:

- Süßigkeiten und gezuckerte Getränke
- Fleisch und Wurst
- Milchprodukte

Pasta und Pizza gehören nicht zum mediterranen Ernährungskonzept.

Wann immer Ärzte „mediterrane Ernährung" empfehlen, meinen sie nicht „Essen Sie beim Italiener". Vornehmlich Pasta und Pizza gehören nicht zum mediterranen Ernährungskonzept. Stattdessen gehören Hülsenfrüchte als ballaststoffreiche pflanzliche Eiweißquellen dazu, also dicke und kleine Bohnen, bunte Linsen, Kichererbsen, Soja und Lupinen.

Alkohol: Leider nicht gut für die Gefäße

Alkohol hält die Adern elastisch – heißt es. Tatsächlich zeigen manche Studien, dass ein Glas Wein am Tag das Herzinfarktrisiko senkt. Das führt zu dem Fehlschluss, maßvoller Alkoholgenuss sei gesund oder wenigstens nicht gefährlich.

Es stimmt, dass die Schalen roter Trauben die Stoffe Resveratrol und Quercetin enthalten. Diese Pflanzenstoffe dämpfen Entzündungen und halten Gewebe gesund. Zeitweilig erklärte man mit diesen Bestandteilen von Rotwein das sogenannte „französische Paradoxon". Der Begriff bezeichnet die Tatsache, dass in Südfrankreich eher fett gegessen, mehr geraucht und mehr Rotwein getrunken wird als hierzulande – und gleichzeitig Herzinfarkte deutlich seltener sind als bei uns.

Möglicherweise trug auch Vitamin K2 (Metachinon) zu dem Effekt bei. Das Vitamin steckt in fettem Käse und Butter, der wichtigsten

Zutat zu Sauce béarnaise, hollandaise und Béchamelsoße. Weitere Untersuchungen zeigten, dass auch Alkohol ohne Trauben, etwa aus Bier und Schnaps, einen positiven Effekt auf die Adern zu haben schien.

Aber Vorsicht: Alkohol ist ein Gift. Er senkt zwar das Risiko, einen Herzinfarkt zu erleiden, erhöht aber messbar das Risiko für koronare Herzkrankheit, Schlaganfall und Aorten-Aneurysma. Gleichzeitig fördert Alkohol erwiesenermaßen Krebs. Ein Alkoholkonsum von 100 g pro Woche (das entspricht knapp einem Glas Wein pro Tag) verkürzt erwiesenermaßen das Leben.

Wenn der Körper Ethanol abbaut, wandelt das Enzym Alkoholdehydrogenase (ADH) ihn in Acetaldehyd um. Man vermutet, dass diese Substanz die Erbsubstanz schädigt. Das könnte erklären, warum Alkohol nachweislich Brustkrebs, Darmkrebs, Pankreaskrebs und Speiseröhrenkrebs fördert.

Die seriöseste ärztliche Empfehlung lautet deshalb: Meiden Sie Alkohol.

DASH-Diät

Das Akronym DASH steht für „Dietary approaches to stop hypertension“, ein Ernährungsansatz, um Bluthochdruck zu stoppen. Entwickelt wurde das Konzept vor über 20 Jahren vom Herz-, Lungen- und Blut-Institut des US-amerikanischen Gesundheitssystems (National Institutes of Health, NIH).[24]

Die DASH-Diät besteht vor allem aus Obst und Gemüse, fettarmen Milchprodukten und Vollkornprodukten, dazu Fisch und Geflügel, Hülsenfrüchten sowie Nüssen. Um zu testen, ob die Diät den gewünschten Effekt hat, wurden Teilnehmer ausgesucht und drei Wochen lang auf eine kontrollierte Diät gesetzt. Innerhalb

24 Chobanian, A. V., et al. (2003). "Seventh report of the joint national committee on prevention, detection, evaluation, and treatment of high blood pressure." Hypertension 42(6): 1206–1252.

dieser Zeit wurde ihnen an fünf einzelnen Tagen der Blutdruck gemessen und der Urin von 24 Tagen gesammelt und analysiert.

Wenn sie sich daran gewöhnt hatten, feste Nahrungsmengen vorgesetzt zu bekommen, folgte die achtwöchige Testphase, in der die Versuchspersonen entweder eine kontrollierte Vergleichsdiät bekamen, die dem durchschnittlichen Alltagsessen in den USA entsprechen sollte, oder eine der Test-Diäten. Die eine enthielt mehr Obst und Gemüse und weniger Snacks als die Kontrolldiät, die andere enthielt zusätzlich mehr Eiweiß, mehr Ballaststoffe, weniger Fett und besonders weniger gesättigte Fette. Diese Variante wurde dann als DASH-Diät veröffentlicht.

DASH-Diät und mediterrane Ernährung senkten zwei Wochen nach der Umstellung den Blutdruck.

Im Schnitt senkten beide Versuchsdiäten den Blutdruck um 5,5 mmHg (systolisch) und 3,0 mmHg (diastolisch), wobei die DASH-Diät effektiver war als die Obst-und-Gemüse-Variante. Der Effekt stellte sich zwei Wochen nach der Ernährungsumstellung ein.

Rationen bei DASH

Täglich:

- 6–8 Portionen Vollkornprodukte
- 4–5 Portionen Gemüse
- 4–5 Portionen Obst
- 2–3 Portionen fettarme Milchprodukte
- bis zu 2 Portionen mageres Fleisch, Geflügel oder Fisch
- 2–3 TL Fett und Öle

Wöchentlich:

- 4–5 Portionen Nüsse, Samen und rote Bohnen
- bis zu 5 Portionen Süßigkeiten

Heute können Epidemiologen bereits ansehnliche Datenmengen zu DASH überprüfen. Eine Übersichtsarbeit fasste die Ergebnisse von sieben Metaanalysen von 15 prospektiven Kohortenstudien und 31 kontrollierten Studien zusammen.[25] Demnach reduziert die DASH-Diät das Herz-Kreislauf-Risiko deutlich. Im Schnitt ging bei DASH mit reduzierter Salzaufnahme der Blutdruck um 8,9 bzw. 4,5 mmHg zurück. Damit ist sie rundum empfehlenswert für eine gefäßgesunde Ernährung.

Fettfreie vegane Ernährung

Chips und Pommes, Burger und Steak, viel Süßes und Alkohol – wie eine ungesunde Ernährung aussieht, ist auch in den USA bekannt. Dort haben sich verschiedene Ärzte mit radikalen Ernährungsempfehlungen einen Namen gemacht, die ausdrücklich die Adern weiter und elastischer machen und damit Schlaganfall und Herzinfarkt vorbeugen sollen.

Dean Ornish begann noch als Student seine erste Studie mit zehn Patienten. Fünf von ihnen machten Yoga und trieben Sport, außerdem ernährten sie sich vegetarisch und fettarm. Gegenüber der Kontrollgruppe, die nichts dergleichen machte, hatten seine Versuchspersonen nach einem Monat niedrigere Cholesterinwerte, litten seltener an Herzschmerzen und zeigten eine verbesserte Herzfunktion. Eine zweite Studie beobachtete er 48 Menschen einen Monat lang.[26] Für eine dritte Studie fragte Ornish 96 Teilnehmer, doch nur 48 machten mit. Nach fünf Jahren hatte die Kontrollgruppe noch 15 Mitglieder und 20 Patienten folgten seinen Lebensregeln. Wissenschaftlich sind diese Untersuchungen angreifbar, weil nur so wenige Versuchspersonen einbezogen wurden. „Selten wurden so viele Schlüsse aus Daten von so wenig Menschen gezogen“, sagen Kritiker.

---

25 Chiavaroli, L., et al. (2019). "DASH dietary pattern and cardiometabolic outcomes: an umbrella review of systematic reviews and meta-analyses." Nutrients 11(2): 338.

26 Ornish, D., et al. (1982). "Effects of stress management training and dietary changes in treating ischemic heart disease." American Journal of Cardiology 49(4): 1008.

Die fettfreie vegane Ernährung hat prominente Anhänger, etwa den ehemaligen US-Präsidenten Bill Clinton.

Sein Buch „Revolution in der Herztherapie: Der Weg zur vollkommenen Gesundheit"[27] wurde trotzdem ein Bestseller. Ornish beschreibt darin, dass eine vegane, fettfreie Ernährung Herzkrankheiten rückgängig macht und „heilt". Das rigide Ernährungsprogramm hat prominente Anhänger, darunter den ehemaligen US-Präsidenten Bill Clinton. Doch bezweifeln Fachleute Ornishs Behauptungen. Der Versuch, die revolutionären Ergebnisse in einer Studie zu bestätigen, entpuppte sich als schwierig, weil sich nicht genug Patienten fanden, die dauerhaft auf Fleisch, Fisch, Käse, Milch, Eier, Zucker, Kaffee, Salz, Butter, Öl und Nüsse verzichten wollen.

Die Kritik an Ornishs teils spektakulären Fällen, die angeblich dem Herztod von der Schippe gesprungen sind, lautet:

- Ornish konnte nicht zeigen, ob Menschen mit seinem Ernährungsprogramm länger leben oder seltener als andere einen Herzinfarkt erleiden, weil die Studien nicht lange genug dauern.
- Die angiologischen Untersuchungen der Adern seiner Probanden zeigen keine Verbesserung an den besonders verengten Stellen, also den Stellen, wo Gefäße verstopfen und Infarkte auslösen können.
- Es ist zweifelhaft, dass die Probanden sich wirklich dauerhaft an die strikten Regeln des Programms gehalten haben.
- Es sind zu wenige Versuchspersonen, um statistisch sauber einen Effekt zu zeigen.

Auch der Chirurg Caldwell Esselstyn propagiert eine Ernährung, die Fleisch, Fisch, alle Milchprodukte sowie jede Form von Fett verbietet. In einer Langzeitstudie mit 18 Probanden[28] konnte er

27 Ornish, D. (2010). Dr. Dean Ornish's program for reversing heart disease: The only system scientifically proven to reverse heart disease without drugs or surgery, Ivy Books.

28 Esselstyn Jr, C. B., et al. (2014). "A way to reverse CAD?" Journal of Family Practice 63(7): 356–364.

das Fortschreiten der Arteriosklerose bremsen, und bei einigen Teilnehmern besserte sich die Durchblutung der Herzkranzgefäße. Sein Ernährungsbuch[29] wurde auch auf Deutsch übersetzt. Eine seriöse Datengrundlage für den heilsamen Effekt eines so radikalen Ernährungskonzepts gibt es allerdings nicht. In den USA sind diese Diäten extrem bekannt und tauchen auch hier immer wieder auf, empfohlen werden sie nicht.

Fasten und Intervallfasten

Der US-Bundesstaat Utah hat die geringste Herzinfarktrate der USA, und auch andere Erkrankungen des Herz-Kreislauf-Systems sind dort seltener als anderswo. Utah ist die Heimat der Mormonen, einer religiösen Gruppe, die strenge Lebensregeln befolgt und 60 Prozent der Bevölkerung des Bundesstaates ausmacht. Für Mormonen sind Alkohol, Kaffee und Rauchen tabu. Das hielt man lange für den Grund für ihre Gesundheit. Der Epidemiologe Benjamin Horne vom Intermountain Medical Center Heart Institute in Utah rechnete den Effekt von Rauchen und Alkohol aus den Daten heraus[30] und fand einen besseren Grund: Mormonen fasten regelmäßig, und das hat offenbar einen positiven Einfluss auf die Blutgefäße.

Mittlerweile gibt es eine überwältigende Menge an Studien, die belegen, dass der Verzicht auf Essen sich extrem positiv auf die Adergesundheit auswirkt. Askese, Verzicht, Fasten – jede Kultur kennt das Aussetzen von Routine und Fülle für Geist und Seele. Interessant an der Blüte, die das Fasten gerade erlebt, ist die Erkenntnis, dass auch kurze Fastenperioden einen heilsamen Effekt haben. Das nämlich zeigt auch die Untersuchung aus Utah: Die Mormonen müssen einmal pro Monat 24 Stunden fasten.

29 Esselstyn, C. (2015). Essen gegen Herzinfarkt, Stuttgart: Trias Verlag.

30 Horne, B. D., et al. (2008). "Usefulness of routine periodic fasting to lower risk of coronary artery disease in patients undergoing coronary angiography." The American Journal of Cardiology 102(7): 814–819. e811.

Der Verzicht auf Essen wirkt sich extrem positiv auf die Adergesundheit aus

Das passt zur Mode des Intervallfastens, einer Methode, bei der man eine Mahlzeit am Tag auslässt oder an einem Tag pro Woche auf Nahrung verzichtet. Solche kurzen Fastenperioden haben den Vorteil, dass der Körper nicht anfängt, die eigene Muskelmasse abzubauen und zu verdauen; auch braucht er für einen solchen Zeitraum keine lange Vor- und Nachbereitungszeit. Trotzdem sind die positiven Effekte des Intervallfastens deutlich: Bereits ein eingeschobener Fastentag lässt die Werte des schädlichen LDL-Cholesterins und den Blutdruck sinken. Entzündliche Veränderungen in den Arterien gehen zurück und der Blutzuckerspiegel normalisiert sich.

Normalerweise ist unser Stoffwechsel permanent damit beschäftigt, Nahrung zu verarbeiten, indem er die Nahrungsbestandteile verdaut und die Energie den Zellen zur Verfügung stellt, die sie brauchen. Nur in der Nacht schaltet der Stoffwechsel auf Regeneration, Umbau und Entsorgung um. Das Immunsystem ist nicht beschäftigt, auf fremde Substanzen aus der Nahrung zu reagieren, und das Blut ist nicht mit Nährstoffen befrachtet und hat mehr Kapazitäten, um Abfallstoffe zu entsorgen. Es gibt wohl keine stoffwechselbedingte Erkrankung, die sich durch Fasten nicht bessert.

Für Arteriosklerose, koronare Herzkrankheit und arterielle Durchblutungsstörungen ist ein positiver Effekt von Fasten sicher nachgewiesen. Mittlerweile füllen Fastenratgeber ganze Regalmeter, und Kliniken untersuchen die molekularen Grundlagen des Fastens und sammeln epidemiologische Daten zu den Effekten. Für uns lohnt sich die Erkenntnis: Wer sich Gedanken übers Essen macht, sollte sich auch Gedanken über Essenspausen machen. Einfache kurze Fasten-Einschübe können den Stoffwechsel normalisieren, die Blutwerte ins Lot bringen und helfen so, die Adern zu schützen.

> Wer sich Gedanken übers Essen macht, sollte auch über Essenspausen nachdenken.

Den Lebensstil ändern – gar nicht so schwer

Kaum ein Element der ärztlichen Kommunikation ist so abgedroschen, so lästig, so ungeliebt und dabei so wichtig wie das Reden über einen gesunden Lebensstil. Ausgewogen essen und sich regelmäßig bewegen? Irgendwie weiß jeder, dass das angezeigt wäre. Ernst wird es den meisten Menschen aber erst, wenn es zu spät ist und die Langzeitfolgen des Laisser-faire diagnostisch sichtbar oder gar spürbar sind.

Nach einem Schlaganfall oder Herzinfarkt ist klar, dass es um Leben und Tod geht. Wer den ersten Schuss vor den Bug überlebt hat, weiß, was er zu verlieren hat – und zu gewinnen. Patienten mit Verschlusskrankheit riskieren, ein Bein zu verlieren, und haben eine um zehn Jahre verringerte Lebenserwartung.

Die gute Nachricht lautet: Es ist nie zu spät. Mit einer Lebensstilumstellung lässt sich das Risiko einer Amputation, eines Schlaganfalls oder eines Herzinfarkts dramatisch senken – und zwar erstaunlich schnell. Zwar lassen sich arteriosklerotische

> Die gute Nachricht: Für eine Lebensstilumstellung ist es nie zu spät.

Plaques nicht durch emsiges Salatessen auflösen, aber Untersuchungen zeigen, dass das, was wir essen, sich sehr schnell auf den Zustand unserer Adern auswirkt.

Jede einzelne Mahlzeit wirkt

Einen frappierenden Sofort-Effekt nur einer Mahlzeit konnte der US-amerikanische Kardiologe Robert Vogel zeigen.[31] Er lud zehn Studenten zum Frühstück in ein Schnellrestaurant ein. Die eine Hälfte bekam Cornflakes, die andere Würstchen, Speck und Rösti. Vorher sowie zwei, drei und vier Stunden nach der Mahlzeit nahm er Blut ab, maß mit Ultraschall die Armarterie der jungen Leute aus und protokollierte, wie schnell sie wieder in Form war, nachdem er sie mit einer Blutdruckmanschette abgeklemmt hatte.

Vor der Mahlzeit war der Arterie zwei Minuten nach Abnehmen der Manschette nichts mehr anzumerken. Das fettarme Frühstück änderte nichts an Blutwerten und Aderelastizität. Das fette Essen jedoch ließ die Triglyzeridwerte von durchschnittlich 94 mg/dl auf 147 mg/dl hochschnellen, und die Adern brauchten volle vier Stunden, um in den Ausgangszustand zurückzufinden.

Offenbar hat jede einzelne Mahlzeit einen unmittelbaren Einfluss auf den Zustand der Blutgefäße. Diese Nachricht hat nicht nur Drohpotenzial, sondern zeigt auch eine Chance: Jedes Essen zählt. Auch wenn Sie sich mit der Umstellung der Ernährung schwertun und nicht sofort auf Ihr ungünstiges Lieblingsessen verzichten möchten, helfen Sie Ihrem Endothel, wenn Sie auch nur gelegentlich einen Schritt in die richtige Richtung machen. Jedes gefäßgesunde Frühstück, jeder Tag mit einem Rezept aus diesem Buch verschafft Ihren Adern Zeit, sich zu regenerieren.

Da man seine Adern nicht sehen kann, hilft es oft, sich vorzustellen, wie Entzündungen abklingen und die Media abschwillt, wie die wiedergewonnene Elastizität den Druck von der hauch-

31 Vogel, R. A., et al. (1997). "Effect of a single high-fat meal on endothelial function in healthy subjects." The American Journal of Cardiology 79(3): 350–354.

dünnen Schicht nimmt, die die Plaques vom Blutstrom trennt, wie „gutes“ HDL-Cholesterin Schäden durch LDL-Cholesterin verhindert und der gesamte Kreislauf sich erholt.

Risikofaktor Übergewicht

Ob Herzinfarkt, Schlaganfall oder Aneurysma, Bluthochdruck oder schlechte Blutfettwerte – immer wird Übergewicht als Risikofaktor angegeben.[32] Dass viel Gewicht die Gelenke besonders belastet, leuchtet ein. Aber warum ist es schlecht für Adern und Kreislauf?

Das Gewicht sagt nicht grundsätzlich etwas über die Gesundheit aus. Eine zierliche Frau, die niemals Sport macht, hat möglicherweise extrem wenig Muskelmasse, leichte, poröse Knochen und im Verhältnis dazu gar nicht so wenig Fett. Sie wiegt wenig, hat aber keine gute Konstitution. Ein junger Mann, der körperlich arbeitet und noch dazu im Fitnessstudio trainiert, bringt dagegen viel mehr Kilos auf die Waage – ist aber trotzdem viel gesünder. Seine schweren Muskeln wirken sich positiv auf den Stoffwechsel aus.

Wenn Ärzte von Übergewicht sprechen, meinen sie in der Regel das „metabolische Syndrom“, das in der englischsprachigen Fachwelt das „tödliche Quartett“ heißt. Zu dem Syndrom gehören nämlich vier Faktoren, die meist gemeinsam auftreten und sich gegenseitig begünstigen:

- Übergewicht
- gestörter Fett- und Cholesterinhaushalt
- Bluthochdruck
- erhöhter Blutzuckerspiegel

Wer zu viel wiegt, ohne besonders fit zu sein, mutet seinem Herzen grundsätzlich mehr Arbeit zu und erhöht so seinen Blutdruck.

32 Scheerbaum, M., et al. (2017). “Prevalence of cardiovascular risk factors among 28,000 employees.” Vasa 46(3): 203–210.

Bluthochdruck ist eine wichtige Ursache der Arteriosklerose. Und wer zu viel wiegt, isst offenbar mehr, als er verbraucht. Selbst wenn er fettarm isst – überschüssige Energie speichert der Körper als Fett. Der Stoffwechsel baut selbst fettfreie Kekse zu Fettpolstern um. In der Folge sind im Blut besonders viel LDL-Cholesterin und Triglyzeride unterwegs, während das schützende HDL-Cholesterin abnimmt. Der Fettstoffwechsel hat einen direkten Einfluss auf die Entstehung von Plaques und fördert Entzündungen.

Wer dauerhaft zu viel isst, belastet seinen Zuckerstoffwechsel. Die meisten Nahrungsbestandteile werden zu Traubenzucker (Glukose) umgebaut und erreichen so als Energieträger über das Blut die Gewebe. Wenn mehr Zucker im Blut unterwegs ist, als die Körperzellen aufnehmen und verbrauchen können, ist der Zuckerspiegel dauerhaft erhöht, und das beeinflusst die Adergesundheit massiv.

Die großen Blutgefäße reagieren sehr schnell und sehr empfindlich auf veränderte Zuckerkonzentrationen im Blut.

Die großen Blutgefäße reagieren sehr schnell und sehr empfindlich auf veränderte Zuckerkonzentrationen im Blut. Wichtige Bausteine der Gefäßwände wie auch der Blutzellen (Strukturproteine) reagieren mit Zucker und verändern sich so, dass Zellen leichter an der Aderwand anhaften und sie infiltrieren können. Das fördert die Arteriosklerose und erleichtert die Entstehung von Blutgerinnseln.

Auch wenn es überall zu lesen ist, ist Übergewicht also nicht die direkte Ursache von Arteriosklerose; es ist aber ein wichtiger Risikofaktor, weil es langfristig zum metabolischen Syndrom gehört und damit mehrere Risikofaktoren begünstigt, die direkte Einwirkung auf das Geschehen in unseren Blutgefäßen haben. Deshalb ist es sinnvoll, auf Ihr Gewicht zu achten, wenn Sie sich um die Gesundheit Ihrer Adern sorgen.

Einzig positiv am metabolischen Syndrom ist die Tatsache, dass eine einzige Therapie auf alle vier Faktoren wirkt: Wenn Sie sich auf eine gefäßgesunde Ernährung einlassen, verbessern Sie damit nicht nur den Zustand Ihrer Blutgefäße, sondern bekämpfen damit automatisch auch Ihren Bluthochdruck, Ihre erhöhten Zucker- und Fettwerte und nehmen möglicherweise auch ab.

Fangen Sie einfach an

Obwohl dieses Buch die Erkenntnisse von Unmengen wissenschaftlicher Daten berücksichtigt, liefert es Ihnen keinen Ernährungsplan, der vorschreibt, was man in Woche 1 zum Frühstück isst, welche Snacks erlaubt sind und wie viel Sie trinken dürfen. Wir haben keine Einkaufzettel und Kalenderpläne vorgegeben, mit denen Sie Ihr Leben und Ihre Essensgewohnheiten umkrempeln sollen.

Der Mensch ist ein Gewohnheitstier. Pizza und Rotwein sind lecker und irgendwie mediterran, das Sofa ist gemütlich und Joggen soll gar nicht gut für die Knie sein. Die Vorstellung, auf Milchschaum, Croissant, Marmelade, Schinken und Ei beim Frühstück zu verzichten zu müssen, nie wieder Lammfilet oder Spaghetti Bolognese zu essen und sich den Nachmittagskuchen versagen zu müssen, das abendliche Bier und das Grillen mit Freunden abzusagen, ist gelinde gesagt unattraktiv. Den Begriff „gesund" verbinden die meisten mit rohem, ungeliebtem Gemüse, trostlosem Salat und freudlosen Tofu-Kreationen. Besonders unattraktiv wird das Ganze, wenn auch noch strikte Regeln, Pläne und Vorschriften dazukommen. Echtes Leben funktioniert nicht nach einem festen Plan.

Die Motivation, eine veränderte Essweise anzunehmen und beizubehalten, wurde im Zusammenhang mit Diäten zum Abnehmen vielfach untersucht. Deshalb wissen wir: Je strikter die Vorgaben, desto eher geben die Teilnehmer auf. Wer beschließt, einem strengen Programm zu folgen, das Zucker verbietet, und sich zu einem Eisessen mit Freunden hinreißen lässt, bekommt damit das Gefühl, gescheitert zu sein, und gibt auf.

Elastischere Vorgaben lassen ein solches Gefühl des Scheiterns nicht so leicht zu. Wenn man Zucker meiden soll, heißt das

> Je seltener Sie entgegen den Empfehlungen essen, desto zufriedener dürfen Sie mit sich sein.

nicht, dass eine einmalige Süßspeise einen aus dem Programm wirft. Gelegentliche Ausrutscher lassen sich kompensieren, indem man danach wieder besser Acht gibt, und je seltener Sie entgegen den Empfehlungen essen, desto zufriedener dürfen Sie mit sich sein.

Deshalb fordert dies Buch auch nicht, „von jetzt an alles anders" zu machen, sondern so bald wie möglich vieles besser. Freunden Sie sich mit den Rezepten an, bereichern Sie Ihren Speisezettel und finden Sie heraus, was Ihnen passt und schmeckt. Gefäßgesunde Ernährung ist kein Programm für zwei oder vier Wochen, so wie etwa eine Fastenkur. Sie können und sollen jeden Tag Ihres Lebens möglichst so essen, dass Sie Ihre Adern nicht gefährden.

Die beiden inneren Entscheider

Dieses Buch will Sie dazu doppelt verführen, indem es Bauch und Kopf anspricht: Zum einen machen die sensationellen Rezepte gefäßgesundes Essen attraktiv, weil die Mahlzeiten köstlich sind. Zum anderen soll das Wissen um die verborgenen Vorgänge in Ihrem Körper Ihnen den Impuls geben, sich besser um Ihren Körper zu kümmern. Wenn Sie bis hierher gelesen haben, wissen Sie, was auf dem Spiel steht. Sie verstehen, wie der schleichende Verfall der Blutgefäße Sie altern lässt, Sie invalide machen und töten kann. Angesichts dieser unerfreulichen Aussichten ist es geradezu lächerlich einfach, das zu verhindern.

Neun einfache Regeln

Auf den letzten Seiten haben Sie viel über eine gefäßgesunde Ernährung gelernt. Wenn Sie die folgenden neun einfachen Regeln beachten, stellen Sie für sich die Weichen für eine herzgesunde Ernährung, bei der der Genuss nicht zu kurz kommt.

Seien Sie sparsam mit Fleisch und Wurst

Sie müssen nicht für immer auf die Schinkenwürfel in der Quiche verzichten und jedes Grillfest absagen. Sie sollten aber nicht jeden Tag Fleisch essen, und wenn Sie es tun, dann erstens maßvoll und zweitens von guter Qualität. Ein Stück Lammfilet ist längst nicht so schädlich wie ein fettes Schweinenackensteak, und ein Brot mit dünn geschnittenem Parmaschinken hat weniger negative Folgen als eine Leberkässemmel.

Setzen Sie Olivenöl ein

Ob über den Salat oder zum Braten – wenn Sie Fett brauchen, sollten Sie auf Olivenöl oder andere gesunde Öle zurückgreifen. Palmfett, Butterschmalz und Bratmargarine brauchen Sie nicht mehr nachzukaufen.

Kaufen Sie Vollkornprodukte

Brauner Reis statt weißer, Vollkorntoast statt Buttertoast, Vollkornmüsli statt Cornflakes – selbst Kekse gibt es in Vollkornvarianten. Wenn Sie Ihrem Darm einen besonderen Gefallen tun wollen, essen Sie regelmäßig Leinsamen – schon ein Teelöffel ins Müsli oder über den Salat hat Effekte auf eine verbesserte Verdauung.

Geizen Sie mit Zucker

Oft ist es ein Reflex, der uns in der Pause zur Schokoladentafel greifen lässt, und man kann auch ein kleines Stück Kuchen nehmen, wenn eine Kollegin zu ihrem Geburtstag Selbstgebackenes mitbringt. Machen Sie Süßigkeiten zu etwas Besonderem, genießen Sie sie, aber üben Sie sich darin, auch mal „Nein, danke" zu sagen. Nehmen Sie den geeisten Kaffee statt des Eiskaffees, in dem zwei Kugeln knallsüßes, fettes Vanilleeis stecken. Natürlich ist ein Nachtisch nach einem schönen Essen keine Katastrophe, aber wenn Sie sich einmal Süßes gegönnt haben, könnten Sie dafür am nächsten Tag zurückhaltender sein.

Gewöhnen Sie sich an mehr Obst

Ja, gewöhnen! 800 g Obst am Tag sind eine schier unfassbare Menge für jemanden, der nicht gern rohes Obst isst. Es muss ja auch nicht ein ganzer Apfel sein. Machen Sie sich feine Schnitze als Snack oder schnippeln Sie eine Birne in Ihren Salat. Rühren Sie Blaubeeren in Ihr Müsli oder gönnen Sie sich als Nachtisch Naturjoghurt, in den Sie eine frische Mango geschnitten haben. Experimentieren Sie! In den meisten Supermärkten bekommt man fertig geschälte Ananas. Oder versuchen Sie Smoothies.

Essen Sie mehr Hafer

Hafer enthält viel Beta-Glukan, das ist ein löslicher Ballaststoff, der erstaunliche Effekte auf den Cholesterinspiegel hat.[33] Er normalisiert den Blutzucker und verhindert nachweislich Herz-Kreislauf-Erkrankungen.[34] Weil Hafer so lange statt macht, ist er ein beliebtes Frühstück – als Müsli, „Overnight-Oats“ oder Porridge. Aber Haferflocken können auch in Smoothies oder Suppen landen. Die ganzen Körner lassen sich wie Reis kochen und passen in Bratlinge, Aufläufe und Suppen. Und natürlich gibt es auch Haferkekse.

Nehmen Sie Hülsenfrüchte ins Repertoire auf

Viele denken bei Hülsenfrüchten an dicke Bohnen und pampige Erbsensuppe. Denken Sie neu! Hummus (Kichererbsenmus) ist lecker aufs Brot, Belugalinsen machen einen exquisiten Salat, Edamame (Sojabohnen) gehören in jede Bowl, und eine Suppe aus gelben Linsen ist schnell gekocht und ein Genuss. Gehen Sie im Supermarkt auf Entdeckungstour. Es gibt wunderbare Pasta

---

33 Whitehead, A., et al. (2014). "Cholesterol-lowering effects of oat β-glucan: a meta-analysis of randomized controlled trials." The American Journal of Clinical Nutrition 100(6): 1413–1421.

34 Ho, H. V., et al. (2016). "The effect of oat β-glucan on LDL-cholesterol, non-HDL-cholesterol and apoB for CVD risk reduction: a systematic review and meta-analysis of randomised-controlled trials." British Journal of Nutrition 116(8): 1369–1382.

aus Hülsenfrüchten, Zuckererbsen sind eine Delikatesse, und Tiefkühlerbsen sind schnell unter die Bratnudeln gerührt.

Experimentieren Sie mit Gemüse

Nur weil Sie als Kind Rosenkohl gehasst haben, heißt das nicht, dass Sie alles, was in Feld und Treibhaus wächst, links liegen lassen sollten. Es geht nicht um Entweder-oder. Sie können auch weiter Ihren Nudelauflauf machen, aber statt immer nur Schinken und Käse könnten Sie auch mal Brokkoli oder Porree hineinschnippeln. In die Pasta passen nicht nur Tomaten, sondern auch Zucchini und Auberginen. Zur Ofenkartoffel können Sie auch Paprika, Topinambur oder Kürbis backen. Und nein, Pommes sind kein Gemüse.

Salzen Sie sparsam

Achten Sie darauf, was und wie viel Sie salzen. Salzen Sie Ihr Omelett von oben und legen sich die ungesalzene Unterseite auf die Zunge? Legen Sie sich eine Salzmühle zu, die die Salzkristalle fein zerkleinert, so löst sich das Salz schneller, sodass Sie es im Mund schmecken. Sonst schlucken sie die Salzkristalle ungelöst herunter und steigern womöglich Ihren Blutdruck, ohne Geschmack zu gewinnen. Salzen ist eine Gewohnheit. Gewöhnen Sie sich an weniger Salz, verwenden Sie mehr Kräuter – das gibt auch anderen Geschmäckern und Aromen eine Chance. Viele Fertigprodukte enthalten viel Salz. Seien Sie sparsam mit extrem salzigem Knabberkram.

GOURMET-REZEPTE FÜR EIN GEFÄSS-GESUNDES LEBEN

Mit der richtigen Ernährung können Sie eine Menge für die Gesundheit Ihrer Gefäße tun. Bei den folgenden köstlichen Rezepten von Sternekoch Gilbert Köcher ist für jeden Zeitpunkt und jeden Anlass das Passende dabei, auch Süßes kommt nicht zu kurz. Genießen Sie die Vielfalt und probieren Sie Neues aus!

Gefäßgesund essen – Tipps aus der Sterneküche

Leben ist ein Gesamtkunstwerk. Ob wir gesund alt werden, hängt nicht nur vor unserem Verhalten ab, und was wir essen, hängt davon ab, worauf wir Lust haben, ob wir gestresst, hungrig oder unglücklich sind, davon, wie viel Zeit und Lust wir haben zum Planen und Kochen. Ob das Ganze gut für die Adern und damit die Gesundheit ist, spielt im Alltag kaum eine Rolle. Damit sich das ändert, finden Sie auf den folgenden Seiten viele gefäßgesunde Rezepte.

Hier müssen Sie keine Zutatenampel beachten, Kalorien- oder Ballaststofftabellen lesen oder Nahrungspyramiden kennen. Ob Toskanische Ribollita oder Steinbuttfilet – was immer Sie in diesem Buch anlacht, ist eine gute Wahl für Ihr Wohlbefinden. Innovative Kombinationen laden Sie zum Experimentieren ein, neue Zutaten erweitern Ihren kulinarischen Horizont. Noch nie war Sterneküche so gesund, noch nie gesunde Küche so raffiniert. Lassen Sie sich begeistern für die gefäßgesunde Küche!

Besser bio

Generell sollte Ernährung vielfältig und möglichst naturbelassen sein. Egal ob Obst, Fleisch oder Milchprodukte: Lebensmittel aus regionaler, biologischer Landwirtschaft und artgerechter Tierhaltung sind gesünder, haben mehr Nährstoffe und kommen durch den geringeren Schadstoffgehalt Ihnen und auch der Umwelt zugute. Beziehen Sie Ihre Lebensmittel daher aus dem Biosupermarkt oder vom Biobauernhof, oder vielleicht haben Sie ja sogar die Möglichkeit, im eigenen Garten etwas anzubauen.

Obst und Gemüse

Sie schneiden bei sensorischen Tests besser ab, denn pflanzliche Bioprodukte haben unter anderem einen Trockensubstanzgehalt und eine verlängerte Reifezeit, das heißt, sie enthalten weniger Wasser und schmecken dadurch intensiver. Biogemüse und -obst enthält deutlich höhere Mengen an ernährungsphysiologisch wichtigen Inhaltsstoffen wie mehrfach ungesättigten Fettsäuren, Vitaminen und sekundären Pflanzenstoffen. Darüber hinaus weist es im Vergleich mit konventioneller Ware deutlich geringere oder gar keine Rückstände von Pestiziden und Schwermetallen sowie niedrigere Nitratwerte auf.

Milchprodukte

Studien zeigten: Milchprodukte von grasenden Milchkühen enthielten einen höheren Anteil an Omega-3-Fettsäuren als Milchprodukte, die von konventionell gehaltenen Milchkühen produziert wurden. Es lohnt sich also, bei Milchprodukten auf bio umzusteigen. Auch wenn die Mengen gering sind, zeigten die Studien eine deutlich positivere Verteilung der enthaltenen Fettsäuren in den Milchprodukten.

Besonders geeignet sind dabei Produkte von Verbänden, da deren Qualität weit über die Anforderungen hinausgeht, die an Bioprodukte gestellt werden. Namhafte Vertreter sind beispielsweise Demeter, Bioland oder Naturland. Diese Verbände produzieren unter anderem Milchprodukte unter höchsten Qualitätsanforderungen. Tiere bekommen freien Auslauf und können Gras fressen, was nachweislich eine positive Wirkung auf die Qualität der erzeugten Milchprodukte hat.

Fleisch und Fisch

Dasselbe gilt auch für Fleisch – wenn Sie also nicht nur Ihr eigenes Wohl, sondern auch das Tierwohl im Blick haben, dann greifen Sie öfter mal zu Bio-Fleisch von Weidetieren, die möglichst lange Zeit freien Auslauf hatten und vor allem natürliches Gras statt reines Getreidefutter fressen. Es weist eine hochwertigere Zusammensetzung von Fettsäuren im Fleisch auf. Tatsächlich hat dieses Fleisch auch einen Anteil an Omega-3-Fettsäuren. Es macht also durchaus Sinn, hochwertiges Fleisch in Bioqualität von freilaufenden Tieren zu kaufen.

Prüfen Sie auch bei Fisch Herkunft bzw. Haltung genau. Umweltbelastende Aquakulturen müssen nicht sein. Achten Sie auf seriöse Umweltzertifizierungen.

Andere Produkte

Auch bei Fertigprodukten oder Zubereitungen wie Aufstrichen oder Tomaten aus der Dose, bei Mehlen und Getreiden oder Gemüse aus dem Glas wie Kichererbsen oder Oliven gilt: Tun Sie sich etwas Gutes und verwenden Sie bio. Es schmeckt besser!

Je mehr bio, umso nährstoffreicher, unbelasteter und gesünder sind Ihre Nahrungsmittel.

Je mehr bio und je saisonaler und regionaler Sie essen, umso nährstoffreicher, unbelasteter und gesünder für Sie und die Umwelt sind Ihre Nahrungsmittel.

Gos, No-Gos und Alternativen

Im ersten Teil des Buches haben Sie bereits viel über gefäßgesunde Lebensmittel erfahren. In der folgenden Liste finden sich einige davon wieder, ergänzt mit weiteren Tipps zu geeigneten Lebensmitteln. Auch wenn es manchmal schwerfällt: Lassen Sie bestimmte Lebensmittel weg. Für vieles gibt es Alternativen, die mindestens genauso gut schmecken und gesünder fürs Gefäßsystem sind.

Empfohlen:

- pflanzliche Fette wie Olivenöl, Leinöl oder Rapsöl
- Hülsenfrüchte in jeglicher Form
- frisches Gemüse in jeglicher Form, am besten nach Saison
- Hafer, Dinkel, Vollkornmehle
- Zuckerersatzstoffe: Erythrit oder Birkenzucker (Xylit)
- einmal die Woche helles Fleisch oder Fisch
- wenn Salz, dann sehr wenig grobkörniges und hochwertiges Stein- oder Meersalz (z. B. Fleur de Sel) oder asiatische fermen-

tierte Fischsoße; als Salzersatz können auch Chili, Kräuter, Pfeffer, Knoblauch, Zwiebelgewächse oder Fermentiertes aus Gemüse oder Soja dienen
- Produkte aus veganen Proteinquellen, z. B. Tofu
- Fleisch und Fisch mit Biozertifikat

Besser vermeiden:
- dunkles Fleisch
- Zuchtfisch aus Aquakulturen
- Industriezucker
- Weizenprodukte in jeglicher Form
- Kochsalz
- Industriefette und tierische Fette
- jegliche Fertigprodukte, die gemahlen oder zerkleinert wurden
- Schokolade (nur ab 80 % Kakaobutteranteil)

Besondere Zutaten

In unseren Rezepten finden Sie Zutaten, mit denen Sie bisher möglicherweise nicht in Berührung gekommen sind, seien es Maca-Pulver, schwarzer Palmkohl, Konjak-Nudeln oder veganer Parmesan. Es lohnt sich, diese Produkte einmal auszuprobieren, denn sie geben einem Gericht die ganz besondere Note und versprechen neue Geschmackserfahrungen. Und das wollen wir mit diesem Kochbuch ja erreichen: Ihnen zeigen, dass eine gefäßgesunde Küche raffiniert und köstlich sein kann.

Das Beschaffen dieser Zutaten ist zugegebenermaßen nicht immer ganz leicht – und besonders günstig sind sie auch nicht. Daher können Sie natürlich jederzeit auf gewohnte Alternativen umsteigen und etwa statt Szechuanpfeffer normalen schwarzen Pfeffer verwenden, statt Daikon-Kresse einfach Gartenkresse oder statt Wildtomaten Cherrytomaten. Wir machen Ihnen dazu einige Vorschläge im Rezept – darüber hinaus gilt: Ihrer Fantasie sind keine Grenzen gesetzt!

GEFÄSSGESUNDE STARTER

Chiamüsli mit Blaubeeren

Rezept für 4 Personen

Zutaten

- Haferflocken, kernig | 300 g
- Pinienkerne | 70 g
- Chiasamen | 2 EL
- Kokosraspeln | 30 g
- Kokosöl | 4 EL
- Bourbonvanille, gemahlen | 1 TL
- Agavendicksaft | 4 EL
- Zimt, gemahlen | ½ TL
- Kakaopulver, schwach entölt | 2 EL
- Mandelmilch | 200 ml
- Limette | 1 Stück
- Heidelbeeren | 80 g

Zubereitung

1 Am Vortag Haferflocken, Pinienkerne, Chiasamen und Kokosraspel in Kokosöl anrösten.

2 Morgens alle Zutaten außer der Limette und den Heidelbeeren sorgfältig mischen und ca. 5 Minuten einweichen lassen.

3 Schale der Limette abreiben, mit Heidelbeeren und Limettenabrieb garnieren.

SPEZIELLE INFORMATIONEN

Diabetikergeeignet, wenn der Agavendicksaft reduziert wird. / Auch andere Beerensorten nach Saison möglich. / Hafer anrösten mit Pinienkernen erhöht das Geschmackserlebnis.

Porridge mit Mandelmilch

Rezept für 4 Personen

Zutaten

- Haferflocken, kernig | 250 g
- Salz | 1 TL
- Zimt, gemahlen | 1 TL
- Kurkuma | 1 TL
- Mandelmilch | 100 ml
- Haselnüsse | 40 g
- Birkenzucker | 1 EL

Zubereitung

1 Haferflocken mit 0,5 l Wasser unter ständigem Rühren bei mittlerer Hitze aufkochen. 5 Minuten ruhen lassen. Die restlichen Zutaten bis auf Haselnüsse und Birkenzucker hinzufügen.

2 Haselnüsse grob hacken und mit dem Birkenzucker im Ofen bei 180 °C ca. 10 Minuten backen (auch am Vortag möglich), über den Porridge streuen.

SPEZIELLE INFORMATIONEN

Diabetikergeeignet / Zimt und Kurkuma fördern die Verdauung. / Haselnüsse sind reich an Omega-3-Fettsäuren.

Quinoa mit Beeren

Rezept für 4 Personen

Zutaten

- bunter Quinoa | 250 g
- Orangensaft, frisch gepresst | 200 ml
- Apfel, geraspelt | 100 g
- Zimt, gemahlen | 1 TL
- Cranberrys, frisch | 30 g
- Berberitzen, getrocknet | 30 g
- Mandelstifte, geröstet | 40 g
- Sojajoghurt, natur | 100 ml

Zubereitung

1 Quinoa ca. 5 Minuten kochen und auf ein Sieb schütten, dann mit dem Orangensaft über Nacht einweichen.

2 Morgens die restlichen Zutaten – den Sojajoghurt zuletzt – hinzufügen, gut mischen und anrichten.

SPEZIELLE INFORMATIONEN

Diabetikergeeignet / Hoher Gehalt an Mineralstoffen und Aminosäuren. / Zur Beerenzeit auch mit gemischten frischen Beeren sehr lecker. / Nur Fruchtzucker verwenden. / Berberitzen, auch Sauerdorn oder Essigbeeren genannt, sind kleine rote Trockenfrüchte, die in der arabischen Küche verwendet werden. Sie erhalten sie im Biohandel und in orientalischen Läden.

Amaranth und Nüsse

Rezept für 4 Personen

Zutaten

- Amaranth | 250 g
- Apfelsaft, naturtrüb | 350 ml
- Orangenblüten | 20 g
- Zimt, gemahlen | ½ TL
- Erythrit oder Birkenzucker | 2 EL
- Sonnenblumenkerne | 30 g
- Leinsamen, natur | 30 g
- Cashewnüsse | 40 g

Zubereitung

1 Amaranth mit Apfelsaft, Orangenblüten, Zimt und Zucker zusammen einmal aufkochen und leicht 15 Minuten weiter köcheln lassen, dann auskühlen lassen.

2 Sonnenblumenkerne, Leinsamen und Cashewkerne leicht in einer Pfanne anrösten und darüberstreuen. Zubereitung am Vortag möglich.

SPEZIELLE INFORMATIONEN

Diabetikergeeignet / Amaranth ist reich an Kalzium, Eisen und Magnesium sowie wertvollen Fettsäuren, Ballaststoffen und Proteinen. / Orangenblüten erhalten Sie im Biohandel. / Durch das Anrösten wird der Nussgeschmack intensiviert.

Overnight-Oats mit Apfel

Rezept für 4 Personen

Zutaten

- getrocknete Datteln, ohne Kerne | 50 g
- Apfel | 100 g
- Haferflocken, kernig, glutenfrei | 250 g
- Kokosmilch, ungesüßt | 350 ml
- Chiasamen | 2 EL
- Zimt, gemahlen | 1 TL
- Erythrit oder Birkenzucker | 2 EL
- Zitronenabrieb | 1 TL

Zubereitung

1 Dateln fein würfeln, Apfel reiben. Alle Zutaten gut vermischen und in einem Glas zugedeckt über Nacht in den Kühlschrank stellen.

2 Morgens noch einmal gut durchrühren und je nach Geschmack noch saisonales Obst oder Beeren dazugeben.

SPEZIELLE INFORMATIONEN

Diabetikergeeignet / Kokosnuss enthält gesunde Fettsäuren / Verwenden Sie alte Apfelsorten wie Boskop, die ein stärkeres Aroma als moderne Zuchtsorten haben.

Weizengras-Grünkohl-Smoothie mit Kiwi und Orange

Rezept für 4 Personen

Zutaten

Grünkohl | 250 g
Kiwi, reif | 3 Stück
Weizengras, frisch | 20 g
Orangensaft, frisch | 500 ml
Erythrit oder Birkenzucker | 3 TL
Ingwer, gerieben | 2 cm

Zubereitung

1 Den Kohl am Vortag vorbereiten: Grünkohl putzen und im kochenden Wasser 1 Minute kochen. Auf einem Sieb abschütten und sofort unter fließendem kaltem Wasser abschrecken.

2 Den Kohl in Streifen oder in kleine Würfel schneiden.

3 Die Kiwi schälen und in Würfel schneiden. Alle Zutaten in einem Standmixer mixen, bis eine glatte Konsistenz entstanden ist.

SPEZIELLE INFORMATIONEN

Diabetikergeeignet / Eine grüne Vitaminbombe. / Weizengras erhalten Sie im Biohandel. Es ist reich an Antioxidantien, Vitaminen, Mineralien und Aminosäuren. / Kombinieren Sie den Grünkohl auch mit anderem Obst oder mischen Sie Nüsse in den Smoothie.

Skyr-Bananen-Erdbeer-Smoothie

Rezept für 4 Personen

Zutaten

Skyr | 500 ml
Mandelmilch | 200 ml
Banane, reif | 100 g
Erdbeeren | 100 g
Erythrit oder Birkenzucker | 1 TL
Macapulver | 20 g

Zubereitung

Skyr und Mandelmilch mischen. Banane schälen und in Würfel schneiden, Erdbeeren putzen. Alle Zutaten in einem Standmixer kurz mixen, bis sich eine glatte Konsistenz gebildet hat.

SPEZIELLE INFORMATIONEN

Für Diabetiker nicht geeignet. / Skyr ist ein traditionelles isländisches Milchprodukt aus Kuh- oder Schafmilch und im Supermarkt erhältlich. / Pulver aus der südamerikanischen Macaknolle (Biohandel) stärkt das Immunsystem und hilft bei chronischer Müdigkeit.

Kefir-Waldbeeren-Smoothie mit Cashew

Rezept für 4 Personen

Zutaten

Kefir | 500 ml
Quark, Magerstufe | 200 g
Waldbeeren, TK | 200 g
Flohsamenschalen, gemahlen | 2 EL
Erythrit oder Birkenzucker | 2 EL
Cashewnüsse | 60 g

Zubereitung

1 Kefir und Quark mischen, die aufgetauten Waldbeeren hinzufügen. Alle restlichen Zutaten in einem Standmixer mit Kefir und Quark mixen, bis sich eine glatte Konsistenz gebildet hat.

2 Die Cashewnüsse leicht anrösten, hacken und als Garnitur darüberstreuen.

SPEZIELLE INFORMATIONEN

Diabetikergeeignet / Kefir, ein fermentiertes Milchgetränk, enthält reichlich Kalzium, Magnesium und Phosphor sowie die Vitamine B12, B2 und Vitamin D. / Flohsamenschalen wirken als Quellmittel, regen den Stoffwechsel an und sind gut für die Verdauung.

Smoothie mit Frischkäse, Mandelmilch, Paprika und Rucola

Rezept für 4 Personen

Zutaten

Hüttenkäse (körniger Frischkäse) | 400 g
Mandelmilch | 300 g
Paprika, rot | 200 g
Rucola | 70 g
Steinsalz | 1 TL
Leinöl | 2 EL
Pfeffer aus der Mühle, schwarz

Zubereitung

1 Den Hüttenkäse und die Mandelmilch miteinander mischen.

2 Die Paprika waschen, vierteln und die Samen entfernen. Den Rucola putzen, waschen und trocken schleudern.

3 Alle Zutaten in einem Standmixer mixen, bis sich eine glatte Konsistenz gebildet hat.

SPEZIELLE INFORMATIONEN

Hüttenkäse ist fettarm, dafür umso reicher an Eiweiß. / Leinöl ist gesund und regt den Stoffwechsel und die Verdauung an.

Vollkornbrot mit Avocado und Tomate

Rezept für 4 Personen

Zutaten

Vollkornbrot | je 2 Scheiben à 50 g
Avocado | 1 EL pro Scheibe
Tomaten | je 3–4 Scheiben
kalt gepresstes Olivenöl | je einige Tropfen
Meersalz und Pfeffer aus der Mühle
Basilikumblätter | je 3 Stück

Zubereitung

Mit der zerdrückten Avocado die Brotscheiben glatt bestreichen. Die Tomatenscheiben auf das Brot legen und mit Olivenöl beträufeln. Je nach Geschmack mit Pfeffer und einer Spur Meeersalz würzen und mit Basilikumblättern-garnieren.

SPEZIELLE INFORMATIONEN

Diabetikergeeignet / Das Brot leicht toasten. / Avocado dient hier als Butter-ersatz.

Haferbrot mit veganem Camembert

Rezept für 4 Personen

Zutaten

Vollkorn-Haferbrot | 3 Scheiben à 40 g p. P.
Kräuterfrischkäse | je 1 TL pro Scheibe
veganer Camembert | je 3–4 dünne Scheiben
Radieschen | einige Scheiben zum Garnieren
Daikon-Kresse | 1 Kästchen

Zubereitung

Die Brotscheiben mit dem Frischkäse bestreichen. Die Käsescheiben darauflegen und mit Radieschenscheiben und Kresse garnieren.

SPEZIELLE INFORMATIONEN

Das Haferbrot „Powerbrot Knussbert“ erhalten Sie in verschiedenen Sorten bei der Demeter-Bäckerei Bahde in Seevetal. / Brotschreiben gut toasten. / Diabetiker-geeignet / Kresse und Radieschen je nach Jahreszeit einsetzen. / Frischkäse dient hier als Butterersatz. / Veganer Camembert kommt ohne tierische Produkte aus und wird meist auf Cashew- oder Sonnenblumenkern-basis hergestellt. / Die japanische Daikon-Kresse hat einen scharfen Rettichgeschmack; Sie können auch normale Kresse verwenden.

Null-Prozent-Brot mit vegetarischem Aufstrich

Rezept für 4 Personen

Zutaten

Null-Prozent-Brot | 3 Scheiben à 30 g p. P.

vegetarischer Aufstrich nach Wahl | 25 g pro Scheibe

Kresse, Radieschen, Gurken oder Karotten für den Belag | je einige Scheiben

Zubereitung

Das Brot leicht antoasten und mit verschiedenen Gemüse- oder Frischkäseaufstrichen bestreichen. Nach Belieben und eigener Kreativität garnieren mit Kresse, Radieschen, Gurken oder Karotten.

SPEZIELLE INFORMATIONEN

Das Null-Prozent-Brot ist ein Brot ohne Salz und diabetikergeeignet. Wenn Sie es nicht selbst backen möchten, erhalten Sie es z. B. bei der Demeter-Bäckerei Bahde in Seevetal. / Gemüseaufstrich mit wenig Zucker verwenden, z. B. Erbsen, Kichererbsen, Paprika oder Frischkäse.

Frisch gebacken von der Bio-Bäckerei BAHDE
www.brot-ohne-salz.de

SALATE UND SUPPEN

Quinoa-Karotten-Salat mit Mais und Avocadodip

Rezept für 4 Personen

Zutaten

bunter Quinoa | 250 g
Karotten | 300 g
Zwiebel, rot | 80 g
Salatgurke | 80 g
Gemüsemais, Dose | 80 g
Chili-Peperoni, rot | 1 Stück
Koriander, frisch | 1 Bund
Pfefferminze | 10 Blätter
Orange | 1 Stück
Honig | 1 TL
kalt gepresstes Olivenöl | 4 EL
Salz und Pfeffer aus der Mühle
Avocado | 2 Stück
Zitrone | 1 Stück
Baby-Römersalat | 100 g

SPEZIELLE INFORMATIONEN

Quinoa ist eine Quelle von essenziellen Aminosäuren wie Lysin, Tryptophan oder Cystin und liefert mehrfach ungesättigte Fettsäuren. / Avocado, die „Butter des Urwalds", ist aus botanischer Sicht eine Beere. 100 g Avocado decken bereits 30 % des Tagesbedarfs an Vitamin K und 27 % des Tagesbedarfs an Folsäure, zudem enthalten Avocados viele Antioxidantien.

Zubereitung

1 Den Quinoa in kochendem Salzwasser 1 Minute lang garen. Karotten und Zwiebel schälen und in dünne Streifen schneiden, Salatgurke waschen, der Länge nach vierteln, die Kerne entfernen und schräg in 3 mm dicke Scheiben schneiden. Mais hinzufügen.

2 Chili waschen, halbieren, Samen entfernen und in feine Streifen schneiden. Koriander- und Pfefferminzblätter grob hacken, Orangensaft, Honig und 3 EL Olivenöl untermischen. Mit Salz und Pfeffer abschmecken.

3 Die Avocado pürieren oder mit der Gabel zerdrücken. Mit Zitronensaft, 1 EL Olivenöl, Salz und Pfeffer abschmecken. Vom Römersalat den Strunk abschneiden, entblättern, waschen und trocken schleudern.

4 Die Salatblätter in tiefen Bowls verteilen und die Quinoa-Karotten-Mischung darauf verteilen. Das Avocadopüree darüber verteilen.

Italienischer Bohnensalat mit Himbeer-Traubenkernöl-Dressing

Rezept für 4 Personen

Zutaten

- Borlotti-Bohnen | 250 g
- Cannellini-Bohnen | 250 g
- Lorbeerblatt | 2 Stück
- Salz und Pfeffer aus der Mühle
- Zitrone | 2 Stück
- Olivenöl | 2 EL
- Zwiebeln, rot | 100 g
- Karotten, klein | 80 g
- Chili-Peperoni, rot | 1 Stück
- Kirschtomaten | 100 g
- Zucchini, klein | 300 g
- Knoblauch | 1 Zehe
- Himbeeren, frisch | 100 g
- Traubenkernöl | 6 EL
- Petersilie, frisch | ½ Bund

SPEZIELLE INFORMATIONEN

Trockenbohnen wie Borlotti und Cannellini enthalten neben pflanzlichem Eiweiß besonders wertvolle Ballaststoffe, die den Darm gesund und den Cholesterinspiegel niedrig halten. Daneben sind sie reich an B-Vitaminen und Mineralstoffen wie Magnesium und Eisen und eine gute Proteinquelle. / Traubenkernöl kräftigt durch seinen hohen Anteil an Vitaminen und ungesättigten Fettsäuren Haut, Haar und Zellen.

Zubereitung

1 Die Borlotti- und Cannellini-Bohnen über Nacht mit Wasser bedeckt separat einweichen. Danach ebenfalls getrennt mit je einem Lorbeerblatt in Salzwasser etwa 60 Minuten al dente kochen. Die Bohnen abschütten, in eine Schüssel geben, mit Salz, Pfeffer, Saft einer Zitrone und 1 EL Olivenöl abschmecken.

2 Die Zwiebel und Möhren schälen und in feine Würfel schneiden, Chili der Länge halbieren, die Samen entfernen und in feine Streifen schneiden. Die Kirschtomaten waschen, halbieren, zum Gemüse geben und mit Salz und Pfeffer abschmecken.

3 Die Zucchini waschen, in feine Scheiben schneiden und in 1 EL Olivenöl und einer Knoblauchzehe braten und mit Salz und Pfeffer abschmecken. Das gebratene Gemüse auf Küchenkrepp absetzen.

4 Für das Dressing die Himbeeren, den Saft einer Zitrone und das Traubenkernöl mit Zugabe von Salz und Pfeffer mit dem Stabmixer mixen, bis ein cremiges Dressing entsteht.

5 Das Gemüse mit Kirschtomaten, Bohnen und Chili auf den Zucchini anrichten und mit Dressing beträufeln. Die Petersilie hacken und als Garnitur über den Salat streuen.

Palmkohlsalat mit roten Kartoffeln und Müslikrokant

Rezept für 4 Personen

Zutaten

Kartoffeln (Rote Emmalie) | 500 g
Palmkohl | 300 g
Salatgurke | 100 g
Frühlingslauch | 1 Bund
Ochsenherztomate | 1 Stück
Knoblauch | 1 Zehe
Milch | 50 ml
Eigelb | 2 Stück
Senf | 3 TL
Rapsöl | 100 ml
Salz und Pfeffer aus der Mühle
Müsli ohne Früchte | 150 g
Kokosfett | 30 g
Shiso-Kresse | 1 Kästchen

SPEZIELLE INFORMATIONEN

Der Palmkohl (auch Schwarzkohl genannt) ist ein Vorläufer des Grünkohls und in Italien sehr beliebt. Er enthält viel Eisen und Kalzium. / Die rote Emmalie ist eine rotschalige, rotfleischige vorwiegend festkochende Kartoffelsorte. Sie enthält u.a. Kalium, das gut fürs Herz ist. / Shiso-Kresse aus dem Feinkosthandel hat einen herzhaften, exotischen Geschmack nach Minze, Basilikum, Zimt und Zitrone.

Zubereitung

1 Die Kartoffeln wie Pellkartoffeln in Salzwasser kochen, abkühlen lassen und noch warm pellen.

2 Palmkohl waschen, Strunk und Stiele entferne. Kohlblätter in kochendem Salzwasser blanchieren und im vorbereiteten Eiswasser abschrecken, damit die schöne grüne Farbe erhalten bleibt. Die Kohlblätter auf einem Sieb abtropfen lassen, ausdrücken und quer in Streifen schneiden.

3 Salatgurke waschen, der Länge vierteln, die Kerne entfernen und schräg in 5 mm Scheiben schneiden. Frühlingslauch putzen und ohne den Strunk schräg in feine Streifen schneiden. Ochsenherztomate waschen, den Strunk herausschneiden, halbieren und in Scheiben schneiden.

4 Knoblauch schälen, eventuell die Keimlinge entfernen und in kochender Milch 2 Minuten köcheln, um den Geschmack abzumildern.

5 Aus den Eigelben, Knoblauch, Senf und Rapsöl eine Mayonnaise mit dem Stabmixer herstellen und mit Salz und Pfeffer würzen. Kartoffeln und Tomaten in Scheiben schneiden und mit dem Frühlingslauch, Palmkohl und der Mayonnaise vorsichtig vermengen.

6 Das Müsli mit dem Kokosfett mischen, auf ein Ofenblech mit Backpapier auslegen, im vorgeheizten Backofen bei 120 °C 30 Minuten backen.

7 Den Salat anrichten, das Müslikrokant mit der Shiso-Kresse darüberstreuen.

Caesar's Salad mit Wildtomaten, Ei, Ricotta und Vollkorn-croutons

Rezept für 4 Personen

Zutaten

Vollkornbaguette	240 g
Römersalat	600 g
Strauchtomaten, klein	200 g
Eier	4 Stück
Weißweinessig	125 ml
Ricotta	120 g
Eigelb	2 Stück
Estragonsenf	1 TL
Knoblauch	1 Zehe
Parmesan	30 g
kalt gepresstes Olivenöl	150 ml
Salz und Pfeffer aus der Mühle	
Daikon-Kresse	1 Kästchen

SPEZIELLE INFORMATIONEN

Der Römersalat ist einer der gesündesten Blattsalate, vor allem was seinen Vitamin-C-Gehalt betrifft: Mit 24 mg pro 100 g enthält er mehr als jeder andere Salat. / Wildtomaten sind schmackhaft, ihre Folsäure schützt vor Arterienverkalkungen. Sie können stattdessen auch Cherrytomaten verwenden. / Die japanische Daikon-Kresse hat einen scharfen Rettichgeschmack; Sie können auch normale Kresse verwenden.

Zubereitung

1 Das Vollkornbaguette der Länge nach in 1 cm dicke Scheiben schneiden, 10 Minuten beiseitestellen und dann in zentimetergroße Würfel schneiden.

2 Den Salat putzen, waschen, schneiden und trocken schleudern. Die Tomaten kurz unter fließendem Wasser abwaschen und halbieren.

3 Die vier Eier jeweils in eine Tasse schlagen und vorsichtig nacheinander in 1 l leicht köchelndes Wasser mit dem Weißweinessig gleiten lassen. Leicht aufkochen, vom Herd nehmen und 5 Minuten ziehen lassen.

4 Aus zwei Eigelben, Estragonsenf, gehacktem Knoblauch, Parmesan und Olivenöl eine Mayonnaise mit dem Stabmixer herstellen. Mit Salz und Pfeffer würzen.

5 Den Salat mit der Mayonnaise mischen. Die pochierten warmen Eier mit einem Schöpflöffel aus dem Topf nehmen und mit den Tomaten auf dem Salat anrichten, den Ricotta darüberstreuen.

6 Daikon-Kresse mit einer Schere abschneiden und mit den Baguettewürfeln auf den Salat geben.

Mikrogrün-Salat mit Buchweizen, Erbsen, Fenchel und Mizuna

Rezept für 4 Personen

Zutaten

- Buchweizen | 300 g
- Gemüsebrühe | 300 ml
- Erbsen, frisch | 300 g
- Fenchelknolle | 250 g
- Sonnenblumenkerne | 40 g
- Mizuna-Salat | 1 Bund
- Sprossen | 6 Schalen: Amaranth, Rote Bete, Brokkoli, Chiasamen, Berglinsen, Soja
- Senf | 2 TL
- Balsamicoessig | 30 ml
- Zitrone | 1 Stück
- Salz und Pfeffer aus der Mühle
- kalt gepresstes Olivenöl | 150 ml

SPEZIELLE INFORMATIONEN

Der „Asia-Salat" Mizuna ist ein Blattkohlgemüse, das sich geschmacklich zwischen leichtem Brokkoli- und Rucolaaroma bewegt. Der reiche Gehalt an Senfölen gibt den typisch würzigen Geschmack, er ist reich an Folsäure. / Sprossen sind eine wahre Mineralstoffquelle: Während der Keimung und Sprossung bilden sich Nährstoffe und Enzyme, vor allem die Vitamine C, B1, B2, Niacin und Vitamin E.

Zubereitung

1 Den Buchweizen in der doppelten Menge leicht gesalzenem Wasser oder Gemüsebrühe aufkochen und nach Packungsanweisung garen.

2 Die Erbsen aus den Schoten pulen, kurz in Salzwasser blanchieren, auf einem Sieb abschütten und unter fließendem Wasser abschrecken. Fenchel mit einem Sparschäler schälen, halbieren und den Strunk herausschneiden. Die Fenchelhälften in feine Würfel schneiden.

3 Die Sonnenblumenkerne in einer beschichteten Pfanne ohne Fett goldgelb rösten und auf Küchenkrepp absetzen. Einen Teil der Kerne als Garnitur aufheben.

4 Den Mizuna-Salat von Stielen entfernen, in Streifen schneiden, waschen und trocken schleudern. Die Sprossen von den Schalen abschneiden und einen Teil davon als Garnitur für das Gericht beiseitestellen.

5 Mizuna-Salat, Sprossen und Sonnenblumenkerne in einer Schüssel vermengen. Für das Dressing Senf, Balsamico, Saft der Zitrone mit einem Schneebesen verrühren, Salz und Pfeffer zufügen und das Olivenöl unterrühren.

6 Das Dressing über den Salat geben, vorsichtig unterheben und auf Salatbowls verteilen. Mit gerösteten Sonnenblumenkernen und Sprossen garnieren.

Rote Currysuppe mit Spinat, Karotten, Ingwer und Thai-Basilikum

Rezept für 4 Personen

Zutaten

rote Currypaste | 1 EL
Sonnenblumenöl | 2 EL
Kokosmilch | 1200 ml
Fischsoße | 2 TL
Meersalz
Erythrit oder Birkenzucker
Karotten | 200 g
Blattspinat | 250 g
Ingwer, frisch | 2–3 cm
Thai-Basilikum, frisch | 1 Bund

SPEZIELLE INFORMATIONEN

Currypaste, Fischsoße und frisches Thai-Basilikum finden Sie im Asialaden. / Kokosmilch ist reich an Vitaminen, Nährstoffen und Mineralien, insbesondere Kalium, Natrium, Eisen und Magnesium. / Spinat ist kalorienarm und reich an Vitaminen der B-Gruppe sowie Vitamin C, hat einen hohen Beta-Carotin-Gehalt, außerdem die Mineralstoffe Kalium, Kalzium, Magnesium und Eisen.

Zubereitung

1 Die Currypaste mit dem Sonnenblumenöl bei kleiner Hitze und ständigem Rühren ca. 10 Minuten anbraten, mit Kokosmilch ablöschen und aufkochen lassen. Mit Fischsoße, Meersalz und einer Prise Zucker abschmecken.

2 Die Karotten schälen, halbieren oder dritteln und in Scheiben schneiden. Je nach Größe der Spinatblätter diese entstielen, waschen und trocken schleudern. Den Ingwer schälen und fein hacken.

3 Die Karotten, den Ingwer, dann den Spinat und zuletzt die Thai-Basilikumblätter in die heiße Suppe geben. Den Frühlingslauch putzen und schräg in dünne Scheiben schneiden. Die rote Thai-Currysuppe in warme Bowls füllen und mit Frühlingslauch garnieren.

Toskanische Ribollita mit Gemüse und Brot

Rezept für 4 Personen

Zutaten

Bohnen, weiß | 200 g
Meersalz und Pfeffer aus der Mühle
Knoblauch | 3 Zehen
Lorbeerblatt | 2 Stück
Karotten | 100 g
Zwiebeln | 100 g
Kartoffeln | 100 g
Staudensellerie | 100 g
Wirsing | 200 g
natives Olivenöl | 5 EL
Tomatenmark | 2 EL
Gemüsefond | 1200 ml
Mozzarella | 120 g
altes Brot | 200 g
Blattpetersilie, frisch | 1 Bund

SPEZIELLE INFORMATIONEN

Ursprünglich ein italienisches Arme-Leute-Essen. / Für eine vegane Variante einfach den Käse weglassen. / Einige Zutaten sind so nährstoffreich, dass man sie als Superfood bezeichnen kann: Wirsing und Sellerie enthalten viel Vitamin C, während Karotten mit einem hohen Gehalt von Carotinoiden, aus denen der Körper Vitamin A gewinnt, aufwarten.

Zubereitung

1 Die weißen Bohnen über Nacht einweichen und mit 500 ml Wasser, einer Prise Meersalz, einer Knoblauchzehe und einem Lorbeerblatt nicht zu weich kochen.

2 Karotten, Zwiebel, Kartoffeln schälen und in 1 cm große Würfel schneiden. Staudensellerie in Stangen schälen, nach Bedarf die Fäden ziehen und ebenfalls in 1 cm große Würfel schneiden.

3 Wirsingblätter kurz in Salzwasser blanchieren und in Eiswasser abschrecken. Trocken tupfen, die dicken Mittelrippen flach schneiden und in 2 cm große Würfel schneiden. Gemüse und Kartoffeln mit zwei fein gewürfelten Knoblauchzehen anschwitzen, dann ohne den Wirsing in 3 EL Olivenöl mit Tomatenmark bei kleiner Hitze anschwitzen.

4 Den Gemüsefond dazugeben und alles mit einem Lorbeerblatt etwa 20 Minuten köcheln. Die gegarten weißen Bohnen und den Wirsing in die Minestrone geben und mit Meersalz und Pfeffer abschmecken. Die Petersilie waschen und trocken tupfen, die Blätter von den Stielen zupfen und grob hacken.

5 Das Brot schneiden und leicht in 2 EL Olivenöl von beiden Seiten anbraten. Mozzarella in 1 cm dicke Würfel schneiden. Die Minestrone in Suppenbowls portionieren und mit Mozzarella, Brotwürfeln und Petersilie garnieren.

Gemüse-Minestrone mit Erbsencrostini

Rezept für 4 Personen

Zutaten für die Minestrone

- Tomaten | 200 g
- Karotten | 150 g
- Zwiebeln | 150 g
- Knoblauch | 2 Zehen
- Lauch | 150 g
- Mangold | 300 g
- Kräuterseitlinge | 200 g
- kalt gepresstes Olivenöl | 4 EL
- Tomatenmark | 3 EL
- Gemüsefond | 1 Liter

Zutaten für die Crostini

- Pinienkerne | 40 g
- Vollkornbrot | 8 Scheiben
- Erbsen, frisch | 300 g
- vegane Sahne | 80 g
- Minze, frisch | 2 Zweige
- Erythrit
- Meersalz und Pfeffer aus der Mühle

Zubereitung

1 Tomaten waschen, Strunk herausschneiden, quer durchschneiden, die Kerne unter fließendem Wasser ausspülen und in 1,5 cm große Würfel schneiden. Karotten und Zwiebel schälen und in 1 cm dicke Würfel schneiden.

2 Knoblauch schälen und fein würfeln. Lauchstange putzen, der Länge nach halbieren, unter fließendem Wasser waschen und in 1,5-cm-Würfel schneiden.

3 Mangoldblätter von den Stielen lösen. Die Blätter und Stiele separat in kochendem Salzwasser blanchieren und in Eiswasser abschrecken. Mangoldstiele in 1 cm große Würfel schneiden, die Blätter in Streifen schneiden.

4 Die Kräuterseitlinge je nach Größe halbieren, in feine Scheiben schneiden und in 10 ml Olivenöl in einer beschichteten Pfanne anbraten und beiseitestellen.

5 Knoblauch und Zwiebel in Olivenöl mit Tomatenmark anschwitzen. Die Kartoffeln und Karotten zugeben, mit anschwitzen, mit dem Gemüsefond auffüllen und etwa 15 Minuten bei kleiner Hitze köcheln lassen. Nach 10 Minuten Staudensellerie, Lauch, Wirsing und Mangoldstiele sowie die Tomatenwürfel zugeben.

6 Vor dem Servieren die gebratenen Pilze und Mangoldblätterstreifen zugeben und mit Meersalz, Pfeffer und einer Prise Zucker abschmecken.

7 Für die Crostini Pinienkerne in einer beschichteten Pfanne ohne Fett goldgelb rösten. Das Brot schneiden und leicht toasten.

8 Geschälte Erbsen in kochendem Salzwasser kurz kochen, auf einem Sieb abschütten und unter fließendem Wasser abschrecken. Die abgetropften Erbsen, vegane Sahne und fein geschnittene Minzeblätter mit dem Pürierstab mixen. Mit Salz und Pfeffer abschmecken.

9 Das Erbsenpüree auf das getoastete Brot streichen, in Streifen schneiden und mit den Pinienkernen garnieren. Die Suppe in tiefen Tellern anrichten und die Erbsencrostini separat servieren.

SPEZIELLE INFORMATIONEN

100 g Tomatenmark enthalten rund 62 mg Lycopin, das antioxidative Eigenschaften besitzt, zwölfmal mehr als in frischen Tomaten. / Pinienkerne versorgen uns mit wichtigen Nährstoffen, unter anderem mit großen Mengen des Spurenelements Selen. Dieser Stoff unterstützt das Immunsystem und schützt vor freien Radikalen.

WRAPS UND BOWLES

Vegetarischer Gyros-Wrap mit Salat, Zwiebeln und veganer Aioli

Rezept für 4 Personen

Zutaten

Tofu natur | 120 g
Knoblauch | 2 Zehen
kalt gepresstes Olivenöl | 3 EL
Gyrosgewürz | 1–2 TL
Zwiebel, rot | 100 g
bunte Paprika | 50 g
Cashewnüsse | 60 g
Leinöl | 2 EL
Apfelessig | 1 EL
Senf | 2 TL
Vollgemüse-Tortillas | 8 Stück
Eisbergsalat | 120 g
Koriander, frisch | 1 Bund
Meersalz und Pfeffer aus der Mühle

SPEZIELLE INFORMATIONEN

Vollgemüse-Tortillas von Beetgold sind ein Fertigprodukt aus Gemüseresten in den Geschmacksrichtungen Karotte und Rote Bete. / Durch den Gärprozess enthält Apfelessig neben den vielen Nährstoffen des Apfels zahlreiche weitere wertvolle Vitamine, Mineralstoffe, Spurenelemente und Enzyme.

Zubereitung

1 Tofu in Streifen schneiden, Knoblauch schälen und fein schneiden. 1 Knoblauchzehe mit Olivenöl scharf anbraten und mit dem Gyrosgewürz würzen. Zwiebel schälen, halbieren und in feine Streifen schneiden. Paprika waschen, den Strunk entfernen, vierteln, die Samen entfernen und in Streifen schneiden.

2 Zwiebel und Paprika zu den Tofustreifen geben und etwa 2 Minuten mit anbraten, mit Salz und Pfeffer würzen. Füllung zur späteren Verarbeitung zur Seite stellen.

3 Für die Aiolicreme Cashewnüsse, Leinöl, 1 Knoblauchzehe, Essig, Senf, Salz und Pfeffer in ein Gefäß geben, mit dem Stabmixer zu einer Aioli sehr fein mixen, gegebenenfalls etwas Wasser dazugießen.

4 Die Tortillas in einer Pfanne oder im Toaster leicht anwärmen und die Aioli dünn auftragen. Eisbergsalat putzen, vierteln und in sehr schmale Streifen schneiden. Salatstreifen mittig auf den Tortillas verteilen und die Füllung quer zur Blickrichtung in die Mitte der Wraps geben.

5 Die Seiten links und rechts der Tortillas leicht nach innen klappen, dann die untere Seite nach oben über die Füllung klappen und von sich wegrollen. Die gefüllten Wraps schräg in der Mitte durchschneiden, anrichten und mit Koriandergrün garnieren.

Rote-Bete-Falafel in Spinat-Wraps mit Halloumi und Hummus

Rezept für 4 Personen

Zutaten

Halloumi | 120 g
kalt gepresstes Olivenöl | 3 EL
Salatgurke | 80 g
Babyspinat, frisch | 100 g
Kichererbsen, Dose | 300 g
Tahini-Creme | 60 g
Zitronensaft | 2 EL
Knoblauch | 1 Zehe
Kreuzkümmel, gemahlen | 1 TL
Vollgemüse-Tortillas | 8 Stück
Rote-Bete-Falafel | 12 Stück
Wasser | 80 ml
Koriander, frisch | 1 Bund
Meersalz und Pfeffer aus der Mühle

SPEZIELLE INFORMATIONEN

Vollgemüse-Tortillas von Beetgold sind ein Fertigprodukt aus Gemüseresten in den Geschmacksrichtungen Karotte und Rote Bete. / Rote-Bete-Falafel erhalten Sie im Biosupermarkt. / Durch viele Ballaststoffe im Hummus wird die Verdauung angekurbelt. Außerdem enthält Hummus viele Vitamine und Mineralstoffe, die positiv auf das Immunsystem wirken können. / Kreuzkümmel ist eine wirkungsvolle Heil- und Gewürzpflanze, die unter anderem bei Verdauungsbeschwerden eingesetzt wird. Das Kauen von Kreuzkümmelsamen hilft bei Blähungen, Völlegefühl und Bauchkrämpfen.

Zubereitung

1 Den Halloumi in Stücke schneiden und in 1 EL Olivenöl goldgelb anbraten.

2 Gurken waschen, schälen und halbieren. Die Salatgurke vierteln, Gurkenkerne entfernen und in Streifen schneiden. Spinat entstielen, waschen und trocken schleudern.

3 Die Kichererbsen gut abspülen. Kichererbsen, Tahini-Creme, Zitronensaft, Abtropfwasser, gehackten Knoblauch, Kreuzkümmel, 2 EL Olivenöl, Salz und Pfeffer und eventuell etwas zusätzliches Wasser mit einem Stabmixer sehr fein pürieren.

4 Die Tortillas in einer Pfanne oder Toaster leicht anwärmen und die Rote-Bete-Falafel leicht erwärmen. Den Hummus dünn auftragen. Spinat eventuell schneiden, je Wrap drei Falafel und Gurkenstreifen in der Mitte platzieren.

5 Die Füllung quer zur Blickrichtung in die Mitte der Wraps geben, dann die Seiten links und rechts leicht nach innen klappen. Nun die untere Seite nach oben über die Füllung klappen und von sich wegrollen. Die gefüllten Wraps schräg in der Mitte durchschneiden, anrichten und mit Koriandergrün garnieren. Mit dem Halloumi servieren.

Indische Dal-Wraps mit Sesam-Ahornsirup-Dip

Rezept für 4 Personen

Zutaten für die Wraps

Knoblauch | 2 Zehen
Ingwer | 1 cm
Linsenmehl | 300 g
Weizen-Vollkornmehl | 200 g
Kümmel, gemahlen | ½ TL
Chiliflocken | ½ TL
Meersalz
Koriander, gemahlen | ½ TL
Minzeblätter | 5 Stück
Butter | 40 g
Karotten | 400 g
kalt gepresstes Olivenöl | 2 EL
Curry, gemahlen | ½ TL

Zutaten für den Dip

Sesam | 120 g
Gemüsebrühe | 50 ml
Ahornsirup | 2 EL
Meersalz und Pfeffer aus der Mühle

SPEZIELLE INFORMATIONEN

Linsenmehl hat besonders wichtige Nährstoffe wie Eisen und Folsäure. Auch Ballaststoffe und Protein finden sich in diesem Mehl in vergleichsweise hohen Mengen. / Sesam enthält reichlich blutbildendes Eisen und knochenstärkendes Kalzium sowie das Spurenelement Selen, das das Immunsystem stärkt und die Zellmembranen schützt. Bei Problemen mit der Verdauung helfen ein paar Löffel Sesam im morgendlichen Müsli.

Zubereitung

1 Für den Teig Knoblauch schälen und fein hacken. Ingwer schälen und fein würfeln. Mehle, Gewürze, Knoblauch, Ingwer und gezupfte Minze in einer Rührschüssel in der Küchenmaschine oder mit dem Knethaken zu einem Teig verarbeiten. Nach Bedarf etwas Wasser zum Teig hinzufügen.

2 Den Teig 20 Minuten ruhen lassen, dann in vier gleiche Teile portionieren und dünn ausrollen. Die Teigfladen einer beschichteten Pfanne mit Butter auf beiden Seiten goldgelb anbraten und warm stellen.

3 Für die Füllung Karotten schälen, halbieren, in Scheiben schneiden und danach in 3 mm Streifen schneiden. In Olivenöl anschwitzen, das Curry hinzufügen, mit anschwitzen und abkühlen lassen.

4 Für den Dip Sesam in einer Pfanne rösten und mit Gemüsebrühe und Ahornsirup fein zu einem Püree mixen. Mit Salz und Pfeffer abschmecken.

5 Die Füllung auf den Wraps verteilen, Wraps in der Mitte falten und mit Koriandergrün garnieren.

Quinoa-Leinsamen-Poke mit Brokkoli, Räucherlachs und Olivenmousse

Rezept für 4 Personen

Zutaten

- Quinoa | 300 g
- Gemüsebrühe | 400 ml
- Leinsamen | 80 g
- Brokkoli | 400 g
- Oliven, schwarz, ohne Stein | 150 g
- kalt gepresstes Olivenöl | 5 EL
- Knoblauch | 2 Zehen
- Zitronensaft | 20 ml
- Oregano, frisch | 2 EL
- Meersalz
- weißer Pfeffer
- Tomate | 1 Stück
- Räucherlachs | 250 g
- Daikon-Kresse | 1 Kästchen

Zubereitung

1 Den Quinoa in der Gemüsebrühe ca. 5 Minuten mit einem Topfdeckel garen, auf einem Sieb abschütten und abtropfen lassen. Kurz durchlockern. Leinsamen in einer Pfanne anrösten und untermischen. Mit Salz und Pfeffer würzen.

2 Den Brokkoli säubern und kurz blanchieren (in kochendem Salzwasser al dente oder knackig kochen).

3 Oliven, Olivenöl, Knoblauch, Zitronensaft, Oregano, Salz und Pfeffer kurz pürieren und die fein gewürfelten Tomaten unterheben. Zusammen mit dem Räucherlachs anrichten und mit Kresse garnieren.

SPEZIELLE INFORMATIONEN

Quinoa, ein Pseudogetreide, ist eine ausgezeichnete Quelle von essenziellen Aminosäuren und liefert mehrfach ungesättigte Fettsäuren. / Räucherlachs aus zertifizierter oder Bio-Zucht enthält neben Eiweiß besonders viele essenzielle Omega-3-Fettsäuren. / Kalamata-Oliven haben ein würziges und fruchtiges Aroma und enthalten viel Natrium, Kalzium, Phosphor und Eisen. / Die japanische Daikon-Kresse hat einen scharfen Rettichgeschmack; Sie können auch normale Kresse verwenden.

Gemüsebowl mit gebackenen Tofu-Ananas-Spießen

Rezept für 4 Personen

Zutaten für die Bowl

- Wildreis | 100 g
- Kichererbsen, Dose | 400 g
- Paprika | 100 g
- Karotten | 100 g
- Erbsen, frisch | 50 g
- Meersalz und Pfeffer aus der Mühle
- Tofu, natur | 400 g
- Knoblauch | 1 Zehe
- Sojasoße, hell | 2 EL
- Ananas, frisch | 300 g
- Eier | 2 Stück
- Erdnüsse | 50 g
- 8 Holzspieße
- Rapsöl | 1 EL

Zutaten für die Teriyakisoße

- Sojasoße, hell | 100 ml
- Ahornsirup | 2 EL
- Mirin | 50 ml
- Sesamöl | 1 EL
- Maisstärke | 1 EL

SPEZIELLE INFORMATIONEN

Wildreis enthält besonders viele Ballaststoffe, Aminosäuren und besonders hochwertiges Eiweiß. Der Eiweißanteil ist doppelt so hoch wie bei weißem Reis. / Mirin ist ein süßer Reiswein, der als Würzsoße in der japanischen Küche weit verbreitet ist.

Zubereitung

1 Wildreis zweimal waschen, in Salzwasser nach Packungsanweisung garen, bis der Reis aufspringt. Kichererbsen auf einem Sieb abschütten und mit kaltem Wasser abspülen. Mit dem Wildreis vermengen, mit Meersalz und Pfeffer würzen.

2 Die Paprika waschen, den Strunk entfernen, vierteln, die Samen entfernen und in kleine Würfel schneiden. Die Karotten in Scheiben und dann in Streifen schneiden. Die Erbsen hinzufügen. Das Gemüse mit Meersalz und Pfeffer würzen.

3 Den Tofu in vier dicke Scheiben schneiden. Den Knoblauch schälen und in dünne Scheiben schneiden, 1 Stunde mit dem Tofu in der Sojasoße marinieren.

4 Erdnüsse fein hacken. Ananas und Tofu in gleich große Würfel schneiden, abwechselnd Tofu- und Ananaswürfel auf einen Holzspieß stecken. Im verquirlten Ei wenden und in den Erdnüssen panieren. Einige Stücke Ananas beiseitestellen.

5 Alle Zutaten außer der Maisstärke für die Teriyakisoße leicht aufkochen und etwas reduzieren lassen. Dann mit der Stärke leicht abbinden und auskühlen lassen.

6 Die Spieße in etwas Rapsöl gleichmäßig braten. Den Kichererbsen-Reis-Salat mit dem Gemüse in die Bowls füllen und mit der restlichen Ananas garnieren, die Tofu-Ananas-Spieße und die Teriyakisoße darüberlegen.

Italienische Reisbowl mit Salat, gegrilltem Mais, Sesam und Ranchdip

Rezept für 4 Personen

Zutaten für die Bowl

roter Reis | 250 g
Tomaten | 2 Stück
bunte Paprika | 100 g
Zucchini | 150 g
Mais, TK oder Dose | 300 g
kalt gepresstes Olivenöl | 2 EL
Sesam | 40 g
Lollo Rosso | 50 g
Rucola | 50 g

Zutaten für den Dip

Joghurt, fettarm | 150 g
Kefir | 50 ml
Knoblauch | 2 Zehen
vegane Mayonnaise | 30 g
Zitronensaft | 2 EL
Zwiebel, klein | 1 Stück
Blattpetersilie, gezupft | ½ Bund
Meersalz und Pfeffer aus der Mühle

Zubereitung

1 Den roten Reis nach Packungsanweisung in Salzwasser kochen, in einem Sieb abschütten und abtropfen. Tomaten, Paprika und Zucchini in kleine Würfel schneiden und mit dem Reis mischen.

2 Die Maiskörner mit Zugabe von etwas Olivenöl ca. bei 220 °C im Ofen 4–6 Minuten grillen, den Sesam in einer Pfanne leicht rösten. Lollo rosso und Rucola waschen und trocken schütteln. Alles zusammen in Bowls anrichten.

3 Alle Zutaten für den Dip in ein hohes Gefäß geben, mit einem Stabmixer pürieren und mit Salz und Pfeffer würzen.

SPEZIELLE INFORMATIONEN

Roter Reis ist im Vergleich zu weißem Reis und sogar Vollkornreis reich an Ballaststoffen. / Kefir regt nicht nur das Immunsystem, sondern auch die Darmtätigkeit an. / Vegane Mayonnaise enthält kein Ei. Achten Sie auf eine fettreduzierte Variante.

SCHARFE UND EXOTISCHE HAUPTGERICHTE

Thai-Tofu-Curry Massaman mit Kardamomreis

Rezept für 4 Personen

Zutaten

Currypaste, rot | 1 EL
Currypaste, Masaman | 1 EL
Sonnenblumenöl | 3 EL
Kokosmilch | 1200 ml
Meersalz | 20 g
Erythrit oder Birkenzucker | 2 EL
Kartoffeln | 200 g
Zwiebeln | 100 g
Räuchertofu | 100 g
Champignons | 120 g
brauner Reis | 160 g
Basmatireis | 160 g
violetter Kardamom | 2 Samenkapseln
Koriander, frisch | 1 Bund

SPEZIELLE INFORMATIONEN

Massaman-Currypaste beinhaltet rote Chilis, Lemongrass und Kaffernlimette. / Violetter Kardamom ist ein wildwachsendes und handgepflücktes Gewürz aus Nepal, das mit seinen fruchtig-frischen Kampfer- und Eukalyptusnoten hervorragend zu Reisgerichten passt.

Zubereitung

1 Die Currypasten im Öl bei geringer Hitze unter ständigem Rühren 15 Minuten im Topf anbraten. Mit Kokosmilch auffüllen und aufkochen, mit Salz und Zucker abschmecken und 15 Minuten bei kleiner Hitze köcheln lassen.

2 In der Zwischenzeit die Kartoffeln und Zwiebeln schälen, in 2 x 2 cm große Würfel schneiden und hinzufügen, etwa 15 Minuten weiterköcheln.

3 Den in 2 x 2 cm geschnittenen Tofu und die Champignons, je nach Größe geviertelt oder gesechstelt, hinzufügen und weitere 2 Minuten köcheln.

4 Den braunen Reis waschen und 2 Stunden lang einweichen, den Basmatireis 30 Minuten einweichen und beide Sorten separat nach in der doppelten Menge ohne Salz mit je 1 zerdrückten Kardamomkapsel bei geschlossenem Deckel und geringer Hitze garen: den Basmatireis etwa 10 Minuten, den braunen Reis etwa 20 Minuten. Die Reissorten miteinander vermengen.

5 Das Gemüse neben dem Reis auf warmen Tellern anrichten und mit Korianderblättchen garnieren.

Gebratener Seitan mit Zitronengras, Limettenblättern, Chili und Reis

Rezept für 4 Personen

Zutaten

Knoblauch | 2 Zehen
Sonnenblumenöl | 2 EL
Currypaste, rot | 1 EL
Seitan | 400 g
Karotten | 100 g
Auberginen | 100 g
Zitronengras | 1 Stange
rote Chili, getrocknet | 2 Stück
Limettenblätter, frisch | 4 Stück
Sojasoße, hell | 30 ml
Maisstärke | 1 TL
Jasminreis | 320 g
Meersalz
Koriander, frisch | 1 Bund

Zubereitung

1 Knoblauch schälen und fein würfeln. Sonnenblumenöl, Knoblauch und Currypaste leicht anbraten. Seitan in Scheiben schneiden und hinzufügen. Karotten schälen und schräg in 1 cm große Scheiben schneiden. Auberginen waschen und in 1 cm große Stücke schneiden. Das Gemüse zum Seitan hinzufügen, das Zitronengras fein schneiden, Chili und Limettenblätter hinzufügen.

2 Die Sojasoße angießen und 2 Minuten weiterbraten. Bei Bedarf mit etwas mit Wasser angerührter Maisstärke abbinden.

3 Den Reis waschen und ohne Salz nach Packungsbeilage mit geschlossenem Deckel bei geringer Hitze garen.

4 Alles zusammen anrichten und mit dem gezupften Koriander garnieren.

SPEZIELLE INFORMATIONEN

Seitan besteht aus Weizeneiweiß (Gluten) mit fleischähnlicher Konsistenz. Bis heute ist es Teil der traditionellen asiatischen Küche und auch im Biohandel erhältlich. / Zitronengras stammt aus den tropischen Gebieten Asiens. Sein ätherisches Öl gibt einen leicht zitronenartigen Geschmack. Sie erhalten es im Asialaden.

Jaromakohl mit Soja-Szechuan-Pfeffer, Räuchertofu und Klebreisbällchen

Rezept für 4 Personen

Zutaten

Klebreis (Basmati- oder Jasminreis) | 300 g
bunte Paprika | 100 g
Zwiebeln | 100 g
Knoblauch | 2 Zehen
Sonnenblumenöl | 2 EL
Szechuan-Pfeffer | 5 g
Currypaste, rot | 1 EL
Räuchertofu | 200 g
Jaromakohl | 300 g
Austernsoße | 2 EL
Sojasoße, hell | 2 EL
Maisstärke | 1 TL
Sesamöl | 2 EL
Sesam | 1 EL
Koriander, frisch | 1 Bund
Sojasprossen | 100 g

SPEZIELLE INFORMATIONEN

Jaromakohl ist der Urtyp von Weißkohl. Falls kein Jaromakohl vorhanden ist, können Sie auch jeden anderen Kohl dazu verwenden. Anders als klassischer Weißkohl ist Urkohl mild und leicht süßlich im Geschmack. / Szechuan-Pfeffer gilt als harntreibend, blutdrucksenkend und appetitanregend. / Klebreis wird vor allem in thailändischen Gerichten verwendet.

Zubereitung

1 Der Klebreis sollte mindestens 4 Stunden lang in Wasser eingeweicht sein. Danach nochmals waschen und in einem Sieb ca. 20 Minuten mit Deckel in einem Topf mit Flüssigkeit dämpfen. Etwas auskühlen lassen.

2 Paprika waschen, Strunk entfernen, vierteln, die Samen entfernen und in 1,5 cm große Streifen schneiden. Die Zwiebeln schälen, halbieren und in Streifen schneiden. Den Knoblauch schälen und grob hacken.

3 In Sonnenblumenöl Knoblauch, Szechuan-Pfeffer und Currypaste leicht anbraten. Geschnittenen Tofu, Paprika, Zwiebel und Jaromakohl in kleine Würfel (2 x 2 cm) geschnitten hinzufügen.

4 Austern- und Sojasoße mischen, hinzufügen und weitere 2 Minuten weiterbraten. Bei Bedarf mit etwas Maisstärke in Wasser angerührt abbinden.

5 Mit angefeuchteten Händen in kleine Bällchen formen. Die Reisbällchen in Sesamöl bei kleiner Hitze gleichmäßig anbraten.

6 Sesam in einer Pfanne anrösten. Alle Zutaten auf warmen Tellern anrichten und mit grob geschnittenem Koriander und geröstetem Sesam garnieren, Sojasprossen darüberstreuen.

Gebratenes Cashew-Chili-Paprika mit Sprossen und gedämpften Reisnudeln

Rezept für 4 Personen

Zutaten

Reisnudeln, 10 mm | 200 g
Knoblauch | 2 Zehen
rote Chili, frisch | 2 Stück
Currypaste, gelb | 2 EL
Sonnenblumenöl | 2 EL
bunte Paprika | 100 g
Zwiebeln | 100 g
Cashewnüsse | 250 g
Kokosmilch | 500 ml
Sesamöl | 2 EL
Koriander, frisch | 1 Bund
Sojasprossen | 100 g

SPEZIELLE INFORMATIONEN

In einem Wok gelingt dieses Gericht am besten, eine gute Teflonpfanne ist ebenfalls geeignet. / Cashewkerne sind reich an ungesättigten Fettsäuren und eine gute Magnesium- und Phosphorquelle, wichtig für Muskeln, Nerven, Zähne und Knochen. / Die zentimeterbreiten Reisnudeln gibt es auch glutenfrei im Asialaden. / Durch bestimmte Nährstoffe, ätherische Öle und Proteine wirkt Koriander stark entzündungshemmend, antibakteriell und durchblutungsfördernd.

Zubereitung

1 Die Reisnudeln 20 Minuten in warmes Wasser einlegen.

2 Fein gewürfelten Knoblauch, in Ringe geschnittene Chili und Currypaste leicht im Sonnenblumenöl anbraten. Paprika waschen, Strunk entfernen, vierteln, die Samen entfernen und in 1 cm dicke Streifen schneiden.

3 Die Zwiebeln schälen, halbieren und in Streifen schneiden, mit Cashewnüssen zur Currypaste hinzufügen. Die Kokosmilch dazugeben und mit Salz abschmecken.

4 Die Reisnudeln abtropfen, hinzufügen und 2 Minuten durchschwenken.

5 Das gebratene Cashew-Chili-Paprika direkt in warme, tiefe Teller anrichten und mit grob geschnittenem Koriander und geröstetem Sesam garnieren, Sojasprossen darüberstreuen.

Japanische Gewürzbrühe mit Konjak-Nudeln, Nori und frischem Gemüse

Rezept für 4 Personen

Zutaten

Knoblauch | 2 Zehen
Ingwer, frisch | 50 g
Misopaste, dunkel | 1 EL g
Gemüsebrühe | 1800 ml
Konjak-Nudeln | 400 g
Nori-Blätter oder andere Algen | 20 g
Spinat, frisch | 100 g
Sojasprossen | 100 g
Sesamöl | 2 EL
Koriander, frisch | 1 Bund
Dashi-Pulver | 20 g

Zubereitung

1 Knoblauch und Ingwer schälen und fein würfeln. Misopaste, Knoblauch und Ingwerwürfel in der Gemüsebrühe ganz leicht aufkochen, beiseitestellen und einige Minuten ziehen lassen.

2 Die Konjaknudeln, Nori-Blätter, frischen Spinat, Sojasprossen und Sesamöl in eine Bowl geben und mit der heißen Brühe aufgießen. 2 Minuten ziehen lassen und mit grob geschnittenem Koriander und Dashi-Pulver garnieren.

SPEZIELLE INFORMATIONEN

Alle Zutaten sind im gut sortierten Asialaden erhältlich. / Die Konjak-Pflanze gehört zur gleichen Familie wie die Kartoffel und enthält einen sehr dichten löslichen Ballaststoff namens Glucomannan. So wird der Magen rasch gefüllt und die Entleerung verzögert, man ist lange satt. / Nori-Algen sind kalorienarm und enthalten viele Proteine. Sie versorgen den Körper mit Omega-3-Fettsäuren und wichtigen Mineralstoffen. / Dashi ist eine japanische Brühe, die aus Bonitoflocken, Kombu (Seetang) und Wasser hergestellt wird. Es gibt sie als Brühe, Soße oder Pulver.

Geschmorte Chinakohlpfanne mit geräuchertem Tofu und Garnelen

Rezept für 4 Personen

Zutaten

Tofu, geräuchert | 120 g
Chinakohl | 800 g
Zwiebeln | 80 g
Knoblauch | 2 Zehen
Ingwer, frisch | 2 cm
Chili, frisch | 2 Stück
Sojaöl | 2 EL
Garnelen, küchenfertig | 320 g
Sojasprossen | 100 g
Gemüsebrühe | 100 ml
Sojasoße, hell | 2 EL
Sesamöl | 2 EL
Maisstärke | 1 TL
Koriander, frisch | 1 Bund

Zubereitung

1 Den Tofu in 1 cm große Würfel schneiden und beiseitestellen.

2 Chinakohl putzen, waschen und blättrig schneiden. Zwiebeln, Knoblauch und Ingwer schälen und fein würfeln. Chilis in feine Ringe schneiden und mit den fein gewürfelten Zutaten in Sojaöl anbraten.

3 Die Garnelen zugeben und mit anbraten. Den Chinakohl und die Sojasprossen hinzufügen. Alles zusammen kurz durchschwenken und Gemüsebrühe, Sojasoße, Tofu und Sesamöl hinzufügen. Bei Bedarf mit etwas Maisstärke, die zuvor in etwas Wasser angerührt wurde, leicht abbinden. Die Pfanne mit Koriandergrün garnieren.

SPEZIELLE INFORMATIONEN

Der hohe Vitamin-C-Gehalt macht Chinakohl gesund und stärkt das Immunsystem. Er besteht zu fast 95 % aus Wasser und hat kaum Fett. / Bio-Garnelen sind reich an Vitamin E: Mit einer Menge von 100 g nimmt man bis zu 4000 µg des Vitamins auf. / Helle Sojasoße verwendet man für Stir-Fry-Gerichte, Salate, Nudelsuppen und Dips, dunkle Sojasoße hingegen nutzt man oft als Marinade, um dem Gericht eine dunkle Farbe zu verleihen.

Pak-Choi-Gemüse Shanghai mit Ingwer, Soja und Klebreis

Rezept für 4 Personen

Zutaten

Klebreis	320 g
Pak Choi	400 g
bunte Paprika	120 g
Karotten	120 g
Knoblauch	2 Zehen
Ingwer, frisch	2 cm
Chili	1 Stück
Sojaöl	2 EL
Sojasprossen	100 g
Gemüsebrühe	100 ml
Sojasoße, hell	2 EL
Sojasoße, dunkel	2 EL
weißer Pfeffer aus der Mühle	
Maisstärke	1 TL
Koriander, frisch	1 Bund

SPEZIELLE INFORMATIONEN

Pak Choi ist ein enger Verwandter des Chinakohls. Da er viel Feuchtigkeit enthält, sollten Sie ihn möglichst frisch verarbeiten. / Klebreis hat ein dickes, bauchiges Korn. Trotz der englischen Bezeichnung „glutinous rice" enthält er wie alle anderen Reissorten kein Gluten.

Zubereitung

1 Den Klebreis mindestens 4 Stunden lang in Wasser einweichen.

2 Den Pak Choi putzen und grob blättrig schneiden. Paprika waschen, vierteln, die Samen entfernen und in grobe Streifen schneiden. Karotten schälen, je nach Größe nochmals halbieren und in feine Scheiben schneiden.

3 Knoblauch und Ingwer schälen und fein würfeln. Chilischote in feine Ringe schneiden und mit Knoblauch und Ingwer in Sojaöl anbraten.

4 Die Karotten zugeben und mit anschwenken. Den Pak Choi und die Sojasprossen hinzufügen. Kurz durchschwenken und die Gemüsebrühe sowie die beiden Sojasoßen hinzufügen und mit Pfeffer würzen. Bei Bedarf etwas Maisstärke in Wasser anrühren, leicht abbinden.

5 Den Klebreis nochmals waschen und in einem Sieb etwa 20 Minuten in einem Topf mit Deckel dämpfen.

6 Die Pfanne mit Koriandergrün garnieren und mit dem Reis servieren.

Grünkohl, Bohnen, Brokkoli, Spinat, Rosenkohl in Meerrettichsoße

Rezept für 4 Personen

Zutaten

Buschbohnen, grün | 400 g
Brokkoli | 400 g
Grünkohl | 500 g
Rosenkohl | 400 g
Spinat | 200 g
vegane Kochsahne | 800 g
Meerrettich, Glas | 50 g
Cayennepfeffer
Meersalz
Gemüsebrühe | 100 ml
Maisstärke | 40 g
Meerrettich, frisch | 50 g

SPEZIELLE INFORMATIONEN

Dies ist ein reines Gemüsegericht, das keine weiteren Beilagen benötigt. Grünes Gemüse ist reich an Vitamin C, K (wichtig für den Knochenstoffwechsel), Beta-Carotin und zahlreichen B-Vitaminen. / Frischer Meerrettich ist sehr scharf. Ziehen Sie sich zum Schälen und Reiben Einmalhandschuhe an.

Zubereitung

1 Das Gemüse waschen, putzen und je nach Gemüsesorte schneiden: Bohnen mundgerecht schneiden, Brokkoliröschen schneiden, die Stiele schälen und in Scheiben schneiden. Grünkohl in 3 cm große Stücke schneiden, Rosenkohl je nach Größe ganz lassen oder vierteln, Blattspinat je nach Größe entstielen und kleiner schneiden.

2 Für die vegane Meerrettichsoße die Sahne aufkochen. Den Meerrettich aus dem Glas hinzufügen und mit etwas Cayennepfeffer und Meersalz würzen. Mit Brühe die Maisstärke kalt anrühren und langsam unter ständigem Rühren hinzufügen. Einmal aufkochen lassen.

3 Das gesamte Gemüse in die Soße geben, einmal aufkochen lassen und eventuell nochmals mit Cayennepfeffer und Meersalz nachwürzen.

4 Den frischen Meerrettich schälen und reiben. Das Gemüse auf Tellern anrichten und Meerrettich darübergeben.

PIZZA MAL ANDERS

Rote-Linsen-Pizza mit Tomatensoße

Rezept für 4 Personen

Zutaten für die Pizza

- Hefewürfel | 1 Stück
- Erythrit oder Birkenzucker | 3 TL
- rotes Linsenmehl | 500 g
- Kichererbsenmehl | 500 g
- kalt gepresstes Olivenöl | 2 EL
- Pfeffer, Kümmel, Koriander, Ingwer, Chiliflocken, gemahlen
- Tomaten, Dose | 800 g
- Tomatenmark | 2 EL
- Kräuter der Provence, getrocknet | 1 TL
- Salz
- Knoblauch | 1 Zehe
- Pfeffer aus der Mühle
- etwas Maismehl zum Ausrollen
- Rucola | 1 Handvoll
- veganer Käse, gerieben | 150 g

SPEZIELLE INFORMATIONEN

Neben dem hohen Proteinanteil enthält Linsenmehl viele langkettige Kohlenhydrate, die den Insulin- und Blutzuckerspiegel nur langsam ansteigen lassen und so die Fettverbrennung unterstützen können. / Knoblauch hat eine blutverdünnende und blutdrucksenkende Wirkung, was vor Thrombosen, Herz-Kreislauf-Erkrankungen und Schlaganfall schützt.

Zubereitung

1 Die frische Hefe mit 400 ml lauwarmem Wasser und 2 TL Zucker in einer größeren Schüssel glatt rühren und 15 Minuten ruhen lassen.

2 Linsen- und Kichererbsenmehl mit Olivenöl und Salz zugeben. Etwas Pfeffer, Kümmel, Koriander, Ingwer und Chiliflocken hinzufügen und zu einem Teig kneten. Den Teig etwa 30 Minuten zugedeckt an einem warmen Ort gehen lassen.

3 Rucola putzen, waschen, trocken schleudern und kühl stellen.

4 In der Zwischenzeit die Tomatensoße herstellen: Dosentomaten, Tomatenmark, Kräuter der Provence, Salz und Knoblauch (geschält und gehackt) mit Pfeffer und 1 TL Zucker in einer Schüssel mit dem Stabmixer pürieren.

5 Den Teig in vier Teile teilen und mit Maismehl rund ausrollen. Die ausgerollten Teigfladen auf ein mit Backpapier ausgelegtes Ofenblech setzen. Mit einer Schöpfkelle die Tomatensoße auf dem Teig kreisförmig dünn verstreichen und den Käse daraufstreuen.

6 Die Pizzen im vorgeheizten Ofen bei 230 °C etwa ca. 10–12 Minuten backen. Auf vorgewärmten Tellern servieren und mit grob gezupftem Rucola garnieren.

Mini-Buchweizenpizza aglio olio mit geräuchertem Provolone

Rezept für 4 Personen

Zutaten

Hefewürfel | ½ Stück
Erythrit oder Birkenzucker | 3 TL
Buchweizenmehl | 400 g
Maisgrieß | 200 g
kalt gepresstes Olivenöl | 100 ml
Meersalz und Pfeffer aus der Mühle
Tomaten, Dose | 800 g
Tomatenmark | 2 EL
Kräuter der Provence | 1 TL
Knoblauch | 3 Zehen
etwas Maismehl zum Ausrollen
geräucherter Provolone, gerieben | 200 g
Basilikum, frisch | 1 Handvoll Blätter

SPEZIELLE INFORMATIONEN

Das Pseudogetreide Buchweizen ist reich an essenziellen Aminosäuren, z. B. Lysin und Tryptophan. Sie haben eine hohe biologische Wertigkeit und können den Eiweißbedarf besonders gut decken. Durch seine Ballaststoffe regt Buchweizen die Verdauung an. / Provolone (auch Provola genannt) ist ein italienischer Schnittkäse, der vorwiegend aus roher Kuhmilch hergestellt wird. Er ist eiweißreich und liefert Kalzium.

Zubereitung

1 Die frische Hefe mit 350 ml lauwarmem Wasser und 2 TL Zucker in einer größeren Schüssel glatt rühren und 15 Minuten ruhen lassen.

2 Buchweizenmehl und Maisgrieß mit Olivenöl und etwas Meersalz und Pfeffer zugeben. Alles zusammen zu einem Teig kneten und etwa 30 Minuten zugedeckt an einem warmen Ort gehen lassen.

3 In der Zwischenzeit die Tomatensoße herstellen: Dosentomaten, Tomatenmark, Kräuter der Provence, Salz und Knoblauch (geschält und gehackt) mit Pfeffer und 1 TL Zucker in einer Schüssel mit dem Stabmixer pürieren. Den Teig in vier Teile teilen und mit Maismehl rund ausrollen. Die ausgerollten Teigfladen auf ein mit Backpapier ausgelegtes Ofenblech setzen. Mit einer Schöpfkelle die Tomatensoße auf dem Teig kreisförmig dünn verstreichen und den Käse daraufstreuen.

4 Die Pizzen im vorgeheizten Ofen bei 230 °C etwa ca. 10–12 Minuten backen. Auf vorgewärmten Tellern servieren und mit grob gezupftem Basilikum garnieren.

Hafer-Dinkel-Pizza mit Tomaten-Gorgonzola-Kruste

Rezept für 4 Personen

Zutaten

Hefewürfel | ½ Stück
Erythrit oder Birkenzucker | 3 TL
Haferflocken, Feinblatt | 500 g
Dinkelmehl | 200 g
kalt gepresstes Olivenöl | 2 EL
Meersalz und Pfeffer aus der Mühle
Tomaten, Dose | 800 g
Tomatenmark | 2 EL
Kräuter der Provence | 1 TL
Knoblauch | 1 Zehe
Maismehl zum Ausrollen
Tomaten, getrocknet | 100 g
Gorgonzola | 300 g
Basilikum, frisch | 1 Handvoll

SPEZIELLE INFORMATIONEN

Haferflocken haben eine ideale Nährstoffbilanz: Sie enthalten sehr viele Ballaststoffe, Mineralstoffe (besonders Magnesium, Phosphor, Eisen und Zink) und Vitamine. Von allen Getreiden hat Hafer den höchsten Vitamin B1- und B6-Gehalt und liefert viel pflanzliches Eisen. / Gorgonzola, eine der bekanntesten Käsesorten Italiens, ist ein würziger Weichkäse aus Kuhmilch mit Blauschimmel.

Zubereitung

1 Die frische Hefe mit 400 ml lauwarmem Wasser und 2 TL Zucker in einer größeren Schüssel glatt rühren und 15 Minuten ruhen lassen.

2 Haferflocken, Wasser und Dinkelmehl mit Olivenöl und etwas Meersalz und Pfeffer zugeben. Alles zusammen zu einem Teig kneten und etwa 30 Minuten zugedeckt an einem warmen Ort gehen lassen.

3 In der Zwischenzeit die Tomatensoße herstellen: Dosentomaten, Tomatenmark, Kräuter der Provence, Salz und Knoblauch (geschält und gehackt) mit Pfeffer und 1 TL Zucker in einer Schüssel mit dem Stabmixer pürieren. Den Teig in vier Teile teilen und mit Maismehl rund ausrollen. Die ausgerollten Teigfladen auf ein mit Backpapier ausgelegtes Ofenblech setzen.

4 Die getrockneten Tomaten halbieren und in Streifen schneiden.

5 Mit einer Schöpfkelle die Tomatensoße auf dem Teig kreisförmig dünn verstreichen, den Gorgonzola in Stücken und die gehackten getrockneten Tomaten darauf verteilen.

6 Die Pizzen im vorgeheizten Ofen bei 230 °C etwa ca. 10–12 Minuten backen. Auf vorgewärmten Tellern servieren und mit grob gezupftem Basilikum garnieren.

GRATINS, AUFLÄUFE UND EINTÖPFE

Süßkartoffel-Spinat-Gratin mit Leinölquark und Rucola

Rezept für 4 Personen

Zutaten

- Blattspinat, frisch | 500 g
- Süßkartoffeln | 1000 g
- Knoblauch | 1 Zehe
- Quark, Halbfettstufe | 500 g
- Leinöl | 4 EL
- Rucola | 120 g
- Salz und Pfeffer aus der Mühle
- Muskat, gerieben
- Paprikapulver

SPEZIELLE INFORMATIONEN

Süßkartoffeln haben einen süßen Geschmack und sind botanisch nur sehr weit entfernt mit unserer Kartoffel verwandt. / Leinöl enthält einen hohen Anteil an ungesättigten Fettsäuren wie Omega 3 oder Linolsäure.

Zubereitung

1 Blattspinat entstielen, waschen und kurz in Salzwasser blanchieren, abschütten und in Eiswasser abschrecken. Die Süßkartoffeln schälen, die Spitzen entfernen und sehr fein in Scheiben schneiden.

2 Blattspinat ausdrücken und mit gewürfeltem Knoblauch und Meersalz und Pfeffer und Muskat würzen. Die Kartoffelscheiben mit Meersalz, Pfeffer und Paprikapulver würzen.

3 Den Quark mit Leinöl glatt rühren. Alles zusammen in eine mit Leinöl gefettete Gratin-Backform füllen und im Ofen bei einer Temperatur von 175 °C ca. 30 Minuten backen. Vor dem Servieren das Gratin mit Rucola garnieren.

Tomaten-Mozzarella-Auflauf mit bunten Kartoffeln und Feigen-Oliven-Dip

Rezept für 4 Personen

Zutaten für den Auflauf

Süßkartoffeln | 300 g
Kartoffeln, lila | 300 g
Bamberger Hörnchen | 300 g
Tomaten | 300 g
Knoblauch | 1 Zehe
vegane Sahne | 600 ml
Leinöl | 1 EL
Mozzarella | 200 g

Zutaten für den Dip

Feigen, frisch | 4 Stück
schwarze Oliven, entsteint | 120 g
kalt gepresstes Olivenöl | 4 EL
Salz und Pfeffer
Muskat, gerieben
Rosmarin, getrocknet

Zubereitung

1 Alle Kartoffeln schälen und sehr fein in Scheiben schneiden. Mit den Gewürzen, in Scheiben geschnittenen Tomaten und gehacktem Knoblauch mischen und mit der veganen Sahne vermengen.

2 Alles zusammen in eine mit Leinöl gefettete Gratin-Backform füllen und mit dem in Würfel geschnittenen abgetropften Mozzarella bestreuen. Im Ofen bei 175 °C ca. 40 Minuten backen.

3 In der Zwischenzeit den Dip zubereiten. Feigen schälen und vierteln. Entsteinte Oliven und Olivenöl hinzufügen. Mit Salz und Pfeffer würzen und mit einem Stabmixer pürieren.

SPEZIELLE INFORMATIONEN

Bei Bamberger Hörnchen handelt es sich um eine alte Kartoffelsorte aus Franken, festkochend, mit Nussaroma und einem intensiven Eigengeschmack. / Frische Feigen sind ein echtes Superfood und waren schon in der Antike beliebt. Eine Frucht enthält nur ca. 40 kcal, dazu liefern sie neben Kalium, Kalzium, Magnesium und Eisen auch viele Vitamine sowie sättigende Ballaststoffe.

Linsen-Ziegenkäse-Gratin mit Spinat-Pinienkern-Pesto

Rezept für 4 Personen

Zutaten für das Gratin

Linsen, braun | 150 g
Linsen, rot 150 g
Linsen, gelb | 150 g
Suppengemüse | 300 g
Tomaten | 200 g
Knoblauch | 3 Zehen
Currypulver, Kreuzkümmel, Kurkuma
vegane Sahne | 500 ml
kalt gepresstes Olivenöl | 1 EL
Ziegenkäse | 150 g

Zutaten für das Pesto

Pinienkerne | 40 g
Spinat, frisch | 200 g
Basilikum | 1 Topf
kalt gepresstes Olivenöl | 80 ml
Salz und Pfeffer

Zubereitung

1 Alle Linsen über Nacht einweichen. Am nächsten Tag ca. 3 Minuten in kochendem Salzwasser blanchieren. In ein Sieb schütten und abtropfen.

2 Das in Würfel klein geschnittene Suppengemüse und gewürfelte Tomaten hinzufügen. Mit 2 gehackten Knoblauchzehen sowie Currypulver, Kreuzkümmel und Kurkuma kräftig würzen.

3 Die vegane Sahne hinzufügen. Alles zusammen in eine mit Olivenöl gefettete Gratin-Backform füllen. Mit geraspeltem Ziegenkäse bestreuen und im Ofen bei 175 °C ca. 40 Minuten backen.

4 In der Zwischenzeit das Pesto zubereiten: Pionienkerne in einer Pfanne rösten. Blanchierter und entstielter Spinat, Basilikum und 1 gehackte Knoblauchzehe sowie das Olivenöl mit Salz und Pfeffer würzen. Pinienkerne zugeben und mit dem Stabmixer pürieren.

SPEZIELLE INFORMATIONEN

Kreuzkümmel ist eine wirkungsvolle Heil- und Gewürzpflanze. Er wird insbesondere bei Verdauungsbeschwerden eingesetzt. Schon das Kauen einiger Kreuzkümmelsamen hilft bei Blähungen, Völlegefühl und Bauchkrämpfen.

Zucchini-Auberginen-Auflauf mit Löwenzahn-Radicchio-Salat

Rezept für 4 Personen

Zutaten für den Auflauf

- Zucchini, grün | 400 g
- Zucchini, gelb | 400 g
- Auberginen | 400 g
- vegane Sahne | 200 ml
- Knoblauch | 1 Zehe
- Tomatenmark | 4 EL
- Flaschentomaten, Dose | 300 g
- Thymian, frisch | 1 Zweig
- kalt gepresstes Olivenöl | 1 EL
- Feta | 150 g

Zutaten für den Salat

- Löwenzahnsalat | 200 g
- Radicchio | 1 Stück
- Balsamicoessig | 3 EL
- kalt gepresstes Olivenöl | 5 EL
- Zitrone | 1 Stück
- Salz und Pfeffer

Zubereitung

1 Die Zucchini und Auberginen in feine Scheiben schneiden und mit Salz und Pfeffer würzen.

2 Die vegane Sahne, gehackten Knoblauch, Tomatenmark und Flaschentomaten gut miteinander mischen, mit Salz und Pfeffer würzen und Thymian zugeben.

3 Alles zusammen in eine mit Olivenöl gefettete Gratin-Backform geben und mit zerbröseltem Feta bestreuen. Im Ofen bei einer Temperatur von 175 °C ca. 35–40 Minuten backen.

4 In der Zwischenzeit Salat und Radicchio putzen und klein schneiden. Aus Balsamico und Olivenöl, Saft der Zitrone sowie Salz und Pfeffer ein Dressing herstellen.

SPEZIELLE INFORMATIONEN

Löwenzahn und Radicchio enthalten natürliche Bitterstoffe und fördern vor allem eine gesunde Darmtätigkeit. Sie machen das Essen verträglicher und fördern den Speichelfluss und die Sekretion von Verdauungssäften.

Italienisches Chili senza carne mit Bohnen, Mais und Kichererbsen

Rezept für 4 Personen

Zutaten

Bohnen, weiß | 200 g
Zwiebeln | 120 g
Knoblauch | 1 Zehe
Chilis, rot | 40 g
bunte Paprika | 300 g
kalt gepresstes Olivenöl | 2 EL
Tomatenmark | 2 EL
passierte Tomaten, Dose | 440 ml
Gemüsebrühe | 800 ml
Kichererbsen, Dose | 100 g
Kidneybohnen | 100 g
Lorbeerblätter | 2 Stück
Meersalz
Piment
Maisgrieß, instant | 40 g
Basilikum | einige Zweige

SPEZIELLE INFORMATIONEN

Als Heilpflanze kann Lorbeer gegen Blähungen helfen. Der Rauch der Blätter wirkt antiseptisch, das aus den Früchten gewonnene Öl hat wundheilende Wirkung. / Piment ist aufgrund seiner zahlreichen Aromen auch als Allspice oder Allgewürz bekannt.

Zubereitung

1 Die weißen Bohnen über zwei Tage mit Wasser bedeckt im Kühlschrank einweichen.

2 Die Zwiebeln und den Knoblauch schälen und fein würfeln. Die Chilischote der Länge nach halbieren, die Samen entfernen und fein schneiden. Paprika waschen, Strünke entfernen, vierteln und in 1 cm große Würfel schneiden.

3 Zwiebeln, Knoblauch und Chili in Olivenöl anschwitzen, Tomatenmark zugeben und mit den passierten Tomaten und Gemüsebrühe auffüllen und aufkochen.

4 Die eingeweichten Bohnen abschütten, durchspülen, zu den Tomaten geben und bei kleiner Hitze nahezu weich kochen. Eventuell Gemüsebrühe nachgießen, dann die Paprikawürfel zugeben.

5 Kichererbsen und Kidneybohnen auf ein Sieb abschütten, mit kaltem Wasser abspülen, mit den Paprikawürfeln und Lorbeerblättern in den Tomaten-Gemüse-Sud geben und bei kleiner Hitze köcheln lassen. Mit Meersalz und Piment abschmecken.

6 Den Maisgrieß einrühren und zur gewünschten Konsistenz abbinden.
Zum Servieren mit grob geschnittenem Basilikum garnieren.

Tomaten-Linsen-Sugo mit Kräutercroutons

Rezept für 4 Personen

Zutaten für den Sugo

Braune Linsen | 400 g
Lauch | 100 g
Zwiebeln | 100 g
Tomaten | 500 g
Wurzelgemüse (Karotte, Sellerie, Petersilienwurzel) | 300 g
Chilischote | 1 Stück
Knoblauch | 1 Zehe
Ingwer | 50 g
Tomatenmark | 2 EL
kalt gepresstes Olivenöl | 2 EL
Gemüsebrühe | 500 ml
Lorbeerblätter | 1 Stück

Zutaten für die Croutons

Vollkornbrot | 200 g
kalt gepresstes Olivenöl | 2 EL
Kräuter der Provence | 1 TL
Meersalz und weißer Pfeffer aus der Mühle
Blattpetersilie, frisch | ½ Bund

SPEZIELLE INFORMATIONEN

Linsen sind vollgepackt mit Vitaminen und Mineralstoffen, darunter verschiedene B-Vitamine, Niacin und Folsäure ebenso wie das für Immunsystem und Sehkraft relevante Vitamin A und das zellschützende Vitamin E.

Zubereitung

1 Die Linsen über Nacht einweichen.

2 Alles Gemüse waschen und schälen. Den Lauch in kleine Würfel schneiden. Zwiebeln schälen und in feine Würfel schneiden. Von den Tomaten den Strunk herausschneiden und in kleine Würfel schneiden. Das Wurzelgemüse in kleine Würfel schneiden.

3 Chilischote der Länge nach halbieren, Samen entfernen und mit dem geschälten Ingwer und Knoblauch fein würfeln.

4 Zwiebeln, gehackten Knoblauch, Ingwer, Chili und etwas Tomatenmark mit Olivenöl anschwitzen. Das Gemüse ohne den Lauch, Linsen und die Tomaten hinzufügen und mit Gemüsebrühe auffüllen, bis das Gemüse leicht bedeckt ist, und etwa 20 Minuten bei kleiner Hitze köcheln.

5 Nach 10 Minuten die Tomaten und Lorbeerblatt zugeben. Zum Schluss den Lauch zugeben und weitere 2–3 Minuten köcheln lassen. Den Sugo mit Salz und Pfeffer abschmecken.

6 Das gewürfelte Vollkornbrot in Olivenöl anbraten, auf Küchenkrepp absetzen und mit den Kräutern der Provence würzen.

7 Den Tomaten-Linsen-Sugo im tiefen Geschirr anrichten und mit grob geschnittener Blattpetersilie und Vollkorn-Croutons garnieren.

Indischer Kichererbsen-eintopf (Dal Tarka) mit Brotkruste

Rezept für 4 Personen

Zutaten

Zwiebel | 150 g
Chilischote, frisch | 1 Stück
Ingwer | 4 cm
Kurkuma, frisch | 2 cm
Knoblauch | 1 Zehe
kalt gepresstes Olivenöl | 2 EL
Garam Marsala
Kreuzkümmel, gemahlen
Tomaten | 300 g
Gemüsebrühe | 1 Liter
Linsen, rot | 400 g
Linsen, gelb | 400 g
Kichererbsen, Dose | 250 g
Papadam | 4 Stück
veganes Butterschmalz | 30 g
Meersalz

SPEZIELLE INFORMATIONEN

Papadam oder kurz Papad ist ein sehr dünner frittierter Fladen aus Urdbohnenmehl. Papadams haben eine knusprige Konsistenz und werden in der indischen und singhalesischen Küche als Beilage oder Zwischenmahlzeit gereicht.

Zubereitung

1 Zwiebeln schälen und in feine Würfel schneiden. Chilischote der Länge nach halbieren, Samen entfernen und mit dem geschälten Ingwer, Kurkuma und Knoblauch fein würfeln.

2 Zwiebeln, Knoblauch, Ingwer, Chili und Kurkuma in Olivenöl anschwitzen und Garam Marsala und Kreuzkümmel hinzufügen.

3 Tomaten waschen, Strunk entfernen, in 1 cm große Würfel schneiden, mit Gemüsebrühe ablöschen und die zwei Sorten Linsen und Kichererbsen hinzufügen. Etwa 10 Minuten köcheln und ab und zu umrühren.

4 In der Zwischenzeit die Papadams mit Butterschmalz einstreichen und im vorgeheizten Ofen bei 200 °C knusprig backen. Die gewürfelten Tomaten hinzufügen, nochmals weitere 5 Minuten köcheln und Meersalz abschmecken.

5 Die fertigen Papadams auf den Eintopf in der Schale anrichten.

Gemüse-Minestra mit Crostini al olio

Rezept für 4 Personen

Zutaten

Stangenbohnen	200 g
Kartoffeln	400 g
Stangensellerie	200 g
Karotten	300 g
Wirsingkohl	250 g
Zwiebeln	200 g
Knoblauch	1 Zehe
Olivenöl	1 EL
Gemüsebrühe	1 Liter
Lorbeerblatt	1 Stück
Meersalz und weißer Pfeffer aus der Mühle	
Liebstöckel, frisch	einige Zweige

Zubereitung

1 Bohnen waschen, putzen, mundgerecht schneiden und in kochendem Salzwasser al dente kochen. Auf einem Sieb abschütten und unter fließendem kalten Wasser abschrecken.

2 Kartoffeln, Stangensellerie und Karotten waschen, schälen und in 1 cm große Würfel schneiden. Wirsing putzen, Strunk herausschneiden, entblättern und blättrig in 1,5 cm große Würfel oder Rauten schneiden.

3 Zwiebeln und Knoblauchzehe schälen und fein würfeln und in Olivenöl anschwitzen. Alles Gemüse außer die Bohnen hinzufügen, mit Gemüsebrühe auffüllen, bis das Gemüse bedeckt ist und das Lorbeerblatt zugeben. Etwa 15 Minuten bei kleiner Hitze köcheln. Zum Schluss die Bohnen zugeben und mit Meersalz und weißem Pfeffer würzen.

4 Den Eintopf anrichten und mit frischem Liebstöckel garnieren.

SPEZIELLE INFORMATIONEN

Liebstöckel peppt Gerichte auf und steckt voller Vitamine und Mineralstoffe: Mit 45 mg pro 100 g enthält er besonders viel Vitamin C. Zum Vergleich: Bei einem Apfel sind es nur 12 mg pro 100 g. Das Maggikraut ist außerdem reich an B-Vitaminen, Vitamin E, Kalium, Kalzium und Eisen.

REIS- UND NUDELGERICHTE

Paprika-Oliven-Kamut-Risotto mit Kokosmilch und Parmesan

Rezept für 4 Personen

Zutaten

- Kamut | 500 g
- Schalotten | 100 g
- Knoblauch | 1 Zehe
- kalt gepresstes Olivenöl | 3 EL
- Gemüsebrühe | 500 ml
- bunte Paprika | 400 g
- Meersalz und Pfeffer aus der Mühle
- Oliven, getrocknet, ohne Stein | 150 g
- Kokosmilch | 500 g
- vegane Sahne | 100 ml
- Safran, gemahlen | 1 Msp.
- veganer Parmesan | 120 g
- Basilikum, frisch | einige Zweige

SPEZIELLE INFORMATIONEN

Kamut zählt wie Einkorn und Emmer zu den ältesten kultivierten Getreidearten und ist eine Art des Hartweizens. / Oliven sind reich an antientzündlichen, ungesättigten Fettsäuren, normalisieren den Cholesterinspiegel, beugen koronaren Herzkrankheiten vor und können somit das Risiko für einen Herzinfarkt oder Schlaganfall senken.

Zubereitung

1 Den Kamut waschen und 4 Stunden lang in kaltem Wasser einweichen.

2 Schalotten und Knoblauch schälen und fein würfeln. Mit 2 EL Olivenöl leicht anschwitzen, den Kamut dazugeben und mit anschwenken.

3 200 ml Gemüsebrühe angießen und bei kleiner Hitze garen, dabei immer wieder umrühren. Sobald die Gemüsebrühe reduziert ist, die restliche Brühe nach und nach angießen, köcheln lassen, beiseitestellen und ziehen lassen.

4 In der Zwischenzeit die Paprika waschen, Strunk entfernen, halbieren, die Samen entfernen und die Hälften vierteln. Mit Meersalz und Pfeffer würzen und mit 1 EL Olivenöl und den getrockneten Oliven ca. 10 Minuten im vorgeheizten Ofen bei 200 °C backen.

5 Den Kamutrisotto-Ansatz nochmals erhitzen und Kokosmilch, vegane Sahne und Safran zugeben und fertig garen. Zuletzt den geriebenen veganen Parmesan unterheben, auf vorgewärmten Tellern anrichten und mit grob gezupftem Basilikum garnieren.

6 Die gedünstete Paprika mit den Oliven und gezupftem Basilikum auf dem Kamut-Risotto anrichten.

Powerkorn-Pfanne mit Cashewnüssen und DIp

Rezept für 4 Personen

Zutaten für die Pfanne

- Reismischung Bali 7 Korn Mix | 450 g
- Grünkohl | 300 g
- Suppengemüse (Karotten, Sellerie, Petersilienwurzel) | 400 g
- Lauch | 100 g
- Cashewnüsse | 60 g
- kalt gepresstes Olivenöl | 2 EL

Zutaten für den Dip

- Tomaten | 400 g
- Tomatenmark | 2 EL
- italienische Kräuter, getrocknet | 1 EL
- Meersalz
- Zwiebel | 100 g
- Knoblauch | 1 Zehen
- Chili, frisch | 20 g
- schwarze Oliven, ohne Stein | 100 g
- Pfeffer aus der Mühle
- Basilikum, frisch | einige Zweige

SPEZIELLE INFORMATIONEN

Die Reismischung gibt es z. B. von Rickmers Reismühle. Sie enthält feinen Langkornreis, Dinkel, Hafer, Gerste, Wildreis, Weizen und Roggen / Grünkohl ist durch seine Menge an Vitaminen, Mineral- und Ballaststoffen gesund und außerdem fett- und kalorienarm.

Zubereitung

1 Die Reismischung in Salzwasser 20 Minuten kochen, auf einem Sieb abschütten und unter fließendem Wasser kalt abschrecken.

2 Grünkohl putzen und entstielen. Das Suppengemüse schälen und in 1 cm große Würfel schneiden. Den Lauch putzen, der Länge nach halbieren, unter fließendem Wasser waschen und das Gemüse außer dem Lauch jeweils separat in Salzwasser al dente blanchieren. Auf einem Sieb abschütten und unter fließendem Wasser abschrecken.

3 In der Zwischenzeit den Dip herstellen: Tomaten, Tomatenmark, italienische Kräuter, Salz, Zwiebeln und Knoblauch (geschält und grob gehackt) und Chili, der Länge nach halbiert, Samen entfernt und fein geschnitten, zusammen in einem Topf kurz aufkochen und mit dem pürieren. Die halbierten Oliven hinzufügen und 5 Minuten weiterkochen. Mit Meersalz und Pfeffer abschmecken.

4 Die Cashewnüsse in einer beschichteten Pfanne ohne Fett goldgelb rösten.

5 Die Reismischung und das Gemüse mit Olivenöl in einer Pfanne durchschwenken, mit Meersalz und Pfeffer abschmecken und in tiefen vorgewärmten Tellern anrichten.

6 Den Dip neben Reis und Gemüse geben, mit gerösteten Cashewnüssen und Basilikum garnieren.

Buchweizennudeln Carbonara mit Pecorino und veganem Speck

Rezept für 4 Personen

Zutaten

Eier	5 Stück
Pecorino	40 g
Meersalz und Pfeffer aus der Mühle	
veganer Speck	150 g
Buchweizennudeln	400 g
Petersilie, frisch	½ Bund
Schalotten	½ Bund
Knoblauch	2 Zehen
kalt gepresstes Olivenöl	3 EL

SPEZIELLE INFORMATIONEN

Veganer Speck ist eine tierfreie Bacon-Alternative aus Sojaeiweiß. Sie erhalten ihn im Biohandel oder im Asialaden. / Pecorino, einen italienischen Hartkäse aus Schafmilch, können Sie auch durch veganen Hartkäse ersetzen.

Zubereitung

1 Eier, Pecorino, Meersalz und Pfeffer in einer Schüssel mit einem Schneebesen verrühren. Veganen Speck in kurze Streifen schneiden und beiseitestellen.

2 Die Buchweizennudeln in Salzwasser al dente garen, auf einem Sieb abschütten und unter fließendem Wasser kalt abschrecken, 50 ml Nudelwasser aufheben.

3 Die Petersilie putzen, zupfen, waschen und trocknen, hacken und kühl stellen.

4 Schalotten und Knoblauch schälen, fein würfeln und mit dem veganen Speckstreifen in Olivenöl anschwitzen. Die Nudeln und das Nudelwasser zufügen und alles mit anschwenken.

5 Die Eimischung zu den heißen Nudeln geben, vom Herd nehmen und zügig durchrühren, damit es kein Rührei gibt.

6 Die Pasta in tiefen, vorgewärmten Tellern anrichten und mit Petersilie garnieren.

Südtiroler Tagliatelle mit Trockenpflaumen, Salsa und gratiniertem Ziegenkäse

Rezept für 4 Personen

Zutaten

Knoblauch | 1 Zehe
Schalotten | 50 g
Kirschtomaten | 250 g
Tomaten, getrocknet | 80 g
Trockenpflaumen | 80 g
kalt gepresstes Olivenöl | 3 EL
Tomatensugo | 100 g
Meersalz und Pfeffer aus der Mühle
Tagliatelle, schwarz | 400 g
Ziegenkäse, Rolle | 320 g
Erythrit | ½ TL
Zitronenthymian zum Garnieren

SPEZIELLE INFORMATIONEN

Getrocknete Pflaumen unterstützen die Leberfunktion. Aufgrund ihres hohen Ballaststoffgehalts von etwa 5 g pro 100 g helfen sie mit, den Cholesterinspiegel zu senken. Außerdem enthalten sie krebshemmende Stoffe. / Schwarze Tagliatelle bekommen ihre ungewöhnliche Farbe durch Tintenfischextrakt. / Ziegenkäse ist eines von wenigen vegetarischen Lebensmitteln, das den Körper effizient mit Vitamin B12 versorgt.

Zubereitung

1 Knoblauch und Schalotten schälen und fein würfeln. Die Kirschtomaten waschen und halbieren. Die getrockneten Tomaten und Trockenpflaumen in 1,5 cm große Würfel schneiden.

2 Schalotten und Knoblauch in 2 EL Olivenöl anschwitzen, Kirschtomaten und Tomatensugo hinzufügen und bei kleiner Hitze köcheln, bis die Tomaten verkocht sind. Mit Meersalz und Pfeffer aus der Mühle abschmecken, dann die getrockneten Tomaten und Trockenpflaumen zugeben und weitere 4 Minuten mitköcheln.

3 Die Tagliatelle in Salzwasser al dente garen. In der Zwischenzeit die Käserolle in acht Stücke portionieren. Mit der Schnittfläche nach oben auf ein feuerfestes Geschirr setzen. Den Ziegenkäse mit Erythrit bestreuen und im heißen Ofen bei 180 °C gratinieren, bis die Oberfläche goldgelb ist.

4 Die Nudeln abschütten und mit 30 ml Nudelwasser und 1 EL Olivenöl in den Nudeltopf geben. Das Tomatenragout mit den Pflaumen zur Pasta geben und durchschwenken.

5 Die Tagliatelle in tiefen Teller anrichten, je zwei Stück des gratinierten Ziegenkäses daraufsetzen und mit Zitronenthymian garnieren.

WENN ES MAL SCHNELL GEHEN MUSS

Kartoffel-Karotten-Ingwer-Sauté mit Rucolapesto

Rezept für 4 Personen

Zutaten für das Sauté

- Karotten | 600 g
- Kartoffeln | 600 g
- Zwiebeln, rot | 200 g
- Ingwer, frisch | 3 cm
- Sonnenblumenöl | 3 EL
- Meersalz und Pfeffer aus der Mühle

Zutaten für das Pesto

- Rucola | 150 g
- Knoblauch | 2 Zehen
- Walnüsse | 50 g
- kalt gepresstes Olivenöl | 6 EL

SPEZIELLE INFORMATIONEN

Kartoffelschalen können Sie immer mitessen, sofern sie sauber sind, besonders neue Ernte schmeckt gebacken aromatisch. / Frischer Ingwer ist ein Scharfmacher, der die Durchblutung fördert – gut für Herz und Kreislauf. Zudem senkt die Knolle den Cholesterinwert.

Zubereitung

1 Die Karotten und Kartoffeln waschen, Karotten und Zwiebeln schälen. Zwiebeln, Karotten und die ungeschälten Kartoffeln in 2,5 cm dicke Würfel schneiden. Ingwer mit einem Esslöffel grob schälen und fein würfeln.

2 Sonnenblumenöl, Meersalz, Pfeffer und Ingwer miteinander vermengen und das Gemüse und Kartoffeln darin 10 Minuten marinieren. Backpapier passgenau falten und auf ein Backblech setzen.

3 Den Backofen auf 180 °C vorheizen. Das Gemüse mit den Kartoffeln auf dem Backblech verteilen und im heißen Ofen etwa 20 Minuten rösten.

4 In der Zwischenzeit das Pesto herstellen: Rucola putzen, entstielen, waschen und trocken schleudern. Knoblauch schälen und grob hacken. Rucola grob schneiden.

5 Walnüsse ohne Zugabe von Fett in der Pfanne rösten. Rucola, Walnüsse, Knoblauch und Olivenöl in ein hohes Gefäß geben und mit dem Pürierstab fein mixen. Mit Meersalz und Pfeffer abschmecken und zum Gemüse servieren.

Bratkartoffeln mit Zucchini und Olivenpesto

Rezept für 4 Personen

Zutaten für die Bratkartoffeln

violette Kartoffeln | 1 kg
Meersalz | 1 EL
Zwiebeln | 300 g
Zwiebeln, rot | 200 g
Zucchini | 600 g
Pfeffer aus der Mühle
Sonnenblumenöl | 3 EL
Knoblauch | 2 Zehen
Rosmarin | 2 Zweige

Zutaten für das Pesto

Walnüsse | 50 g
Petersilie | 1 Bund
schwarze Oliven, entsteint | 50 g
kalt gepresstes Olivenöl | 60 ml
Kräuter der Provence, getrocknet | 1 TL

SPEZIELLE INFORMATIONEN

Violette Kartoffeln haben natürliche Farbstoffe. Diese sekundären Pflanzenstoffe wirken als Antioxidantien positiv im Körper. / Zwiebeln sind gute Lieferanten von Kalium, Vitamin B und Vitamin C – gesund sind sie aber vor allem wegen der vielen Antioxidantien.

Zubereitung

1 Violette Kartoffeln mit der Schale in kochendem Wasser mit Meersalz etwa 10–15 Minuten kochen, abschütten und auf einem Backblech abkühlen lassen. Beide Zwiebelsorten schälen und in 2 cm große Würfel schneiden. Die Zucchini waschen und ebenfalls in 2 cm große Würfel schneiden.

2 Sobald die Kartoffeln abgekühlt sind, in 1,5 cm dicke Scheiben schneiden und in einer beschichteten Pfanne in 1 EL Öl auf beiden Seiten goldbraun backen. Mit Meersalz und Pfeffer würzen und warm halten.

3 Die Zwiebelwürfel bei kleiner Hitze mit einer Knoblauchzehe und Rosmarinzweigen in 1 EL Öl langsam goldgelb braten. Zu den Kartoffeln geben und warm halten. Zum Schluss die Zucchini in der Pfanne in 1 EL Öl gleichmäßig braten.

4 Für das Pesto die Walnüsse ohne Zugabe von Fett in der Pfanne rösten. Petersilie waschen, mit Küchenkrepp trocken tupfen und die Blätter von den Stielen entfernen. Petersilie, Walnüsse und die zweite Knoblauchzehe (geschält und grob gehackt), die grob geschnittenen Oliven und das Olivenöl in ein hohes Gefäß geben und mit dem Pürierstab fein mixen. Mit Meersalz und Pfeffer abschmecken.

5 Kartoffeln und Zwiebeln zu den Zucchini geben, nochmals heiß schwenken und mit Meersalz, Pfeffer und Kräutern der Provence würzen.

6 Die Rosmarinzweige entfernen, die mediterrane Pfanne auf warmen Teller anrichten und mit Pesto garnieren.

Backkartoffeln mit Leinsamenquark und Schnittlauch

Rezept für 4 Personen

Zutaten

- Backkartoffeln | 1200 g
- Zwiebeln, rot | 150 g
- Knoblauch | 1 Zehe
- Sonnenblumenöl | 2 TL
- Quark, Magerstufe | 600 g
- Leinsamen | 30 g
- Leinöl | 3 EL
- Schnittlauch | 1 Bund
- Meersalz und Pfeffer aus der Mühle
- Paprikapulver, edelsüß

Zubereitung

1 Die Kartoffeln ungeschält im Backofen in Alufolie mit Salz eingepackt bei 160 °C ca. 40 Minuten garen.

2 Zwiebeln und Knoblauch schälen, fein würfeln und in Sonnenblumenöl bei kleiner Hitze dünsten und abkühlen lassen.

3 Quark, Leinsamen, Leinöl, fein geschnittenen Schnittlauch (2 Löffel Schnittlauch als Garnitur beiseitestellen), Meersalz, Pfeffer und Paprika glatt rühren.

4 Die fertigen Kartoffeln in dicke Scheiben schneiden und den Leinsamenquark mit Schnittlauch dazugeben.

SPEZIELLE INFORMATIONEN

Für Backkartoffeln, auch als Ofenkartoffeln oder Folienkartoffeln bekannt, verwenden Sie am besten große, mehligkochende Sorten. / Leinöl gehört zu den wertvollsten Ölen. Es enthält einen hohen Anteil an ungesättigten Fettsäuren wie Omega-3 oder Linolsäure. / Schnittlauch hat eine blutreinigende, harntreibende und schleimlösende Wirkung.

Italienisches Ofengemüse mit Kichererbsen und Vollkorn-Crostini-Dip

Rezept für 4 Personen

Zutaten für das Ofengemüse

Paprika | 400 g
Zucchini | 400 g
Roma-Tomaten | 200 g
Rote Zwiebeln | 200 g
Kichererbsen, Dose | 300 g
Knoblauch | 2 Zehen
Rosmarin, frisch | 2 Zweige
Meersalz und Pfeffer aus der Mühle
kalt gepresstes Olivenöl | 50 ml

Zutaten für den Dip

Vollkornbrot | 200 g
kalt gepresstes Olivenöl | 150 ml
Basilikum | 1 Topf
veganer Parmesan | 100 g
Meersalz, Pfeffer aus der Mühle

SPEZIELLE INFORMATIONEN

Schon 200 g Obst am Tag verringern das Risiko für Herz-Kreislauf-Erkrankungen sowie für koronare Herzkrankheit. Gemüse stärkt Ihr Immunsystem. Jeden Tag eine Portion Gemüse senkt das Risiko, an Herz-Kreislauf-Erkrankungen, Krebs, Herzinfarkt, Augenkrankheiten, Bluthochdruck und Fettleibigkeit zu erkranken.

Zubereitung

1 Das Gemüse waschen, putzen, schälen, vierteln, bei der Paprika die Samen entfernen. Alles in 3 cm große Würfel, die Paprika in Stifte schneiden.

2 Die Kichererbsen auf einem Sieb abtropfen lassen und mit dem geschälten und in Scheiben geschnittenen Knoblauch und den Rosmarinzweigen mischen.

3 Das Gemüse mit Salz und Pfeffer würzen und mit 50 ml Olivenöl alles miteinander vermengen. Auf ein Backblech mit passend gefaltetem Backpapier geben und im vorgeheizten Ofen bei 220 °C ca. 15 Minuten backen.

4 In der Zwischenzeit das Vollkornbrot in 1 cm große Würfel schneiden, in 30 ml Olivenöl kross anbraten, auf Küchenkrepp absetzen und beiseitestellen.

5 Für den Dip 120 ml Olivenöl, Basilikumblätter und Parmesan mit dem Stabmixer pürieren und mit Salz und Pfeffer würzen. Zum Schluss die Vollkorncroutons unterheben und in kleine Schälchen füllen.

6 Das Ofengemüse auf warmen Tellern anrichten und mit dem Dip servieren.

FÜR FESTLICHE ANLÄSSE

Lachsfilet in Tomaten-Krustentier-Sud und Spinat

Rezept für 4 Personen

Zutaten für den Spieß

Lachsfilet, frisch | 600 g
Zitrone | 1Stück
kalt gepresstes Olivenöl | 3 EL
Ingwer | 2 cm
Gewürze | je 1 Prise Chili, Rosmarin, Thymian, Meersalz, gemahlen/getrocknet
Zitronengras | 4 Stangen
Basilikum, frisch | einige Zweige

Zutaten für den Sud

Tomaten | 100 g
Butter | 1 EL
vegane Kochcreme | 150 ml
Gemüsebrühe | 200 ml
Hummerbutter | 50 g
Salz, Cayennepfeffer
Zitronensaft | 1 Spritzer
Pernod | 20 ml

Zutaten für den Gewürzspinat

Schalotten | 30 g
Knoblauch | 2 Zehen
Tomaten, getrocknet | 60 g
Berberitzen | 50 g
Blattspinat, frisch | 800 g
Bockshornklee, Kümmel, Piment, Koriander, gemahlen | je 1 Prise
Salz und Pfeffer aus der Mühle

Zubereitung

1 Den Lachs in grobe Scheiben schneiden. Eine Marinade aus Zitronensaft, Olivenöl, geriebenem Ingwer und den Gewürzen herstellen. Die Tranchen eine halbe Stunde darin marinieren.

2 Von dem Zitronengras die ersten zwei Blattschichten entfernen. Nun den Lachs vorsichtig darauf spießen. Aus der Zitronenschale einen Abrieb herstellen. Den Lachs vor dem Servieren leicht in Olivenöl anbraten und danach mit Zitronenabrieb bestreuen und mit Meersalz würzen.

3 Für den Krustentiersud von den Tomaten den Strunk herausschneiden, kurz in kochendes Salzwasser geben, bis sich die Tomatenhaut löst, und für einige Minuten in Eiswasser abschrecken. Danach die Haut abziehen, Tomaten vierteln und mit einem Esslöffel entkernen.

4 Die Tomaten in kleine Stücke schneiden und in Butter anschwitzen, mit Salz und Pfeffer würzen und beiseitestellen. Vegane Kochcreme und Gemüsebrühe aufkochen lassen und die Hummerbutter in kleinen Stücken hinzufügen und mit einem Schneebesen unterrühren.

5 Mit Salz, Cayennepfeffer, einem Spritzer Zitronensaft und Pernod abschmecken, nochmals einmal aufkochen und mit dem Stabmixer aufschäumen. Dann die angeschwenkten Tomaten in die Soße geben.

6 Für den Gewürzspinat Schalotten und Knoblauch schälen und in feine Würfel schneiden. Getrocknete Tomatenwürfel in feine Würfel schneiden, Berberitzen in Olivenöl anschwitzen.

7 Blattspinat putzen, entstielen und waschen. Den abgetropften Blattspinat hinzufügen und mit anschwitzen. Die Gewürze mit Salz und Pfeffer zufügen, alles zusammen auf vorgewärmten Tellern anrichten. Mit Basilikum garnieren.

SPEZIELLE INFORMATIONEN

Dazu passt Reis als Beilage. / Hummerbutter ist eine Mischung aus Butter mit den zerstoßenen Schalen eines Hummers. Sie gibt Fischgerichten ein gewisses Etwas, sollte aber nur sparsam verwendet werden. Sie finden sie im Feinkosthandel. / Berberitzen, auch Sauerdorn oder Essigbeeren genannt, sind kleine rote Trockenfrüchte, die in der arabischen Küche verwendet werden. Sie erhalten sie im Biohandel und in orientalischen Läden.

Steinbuttfilet, Risotto mit Pfifferlingen und Bärlauch

Rezept für 4 Personen

Zutaten für das Risotto

Rote Bete, frisch | 300 g
Risottoreis | 300 g
Schalotten | 30 g
kalt gepresstes Olivenöl | 2 EL
Gemüsebrühe | 500 g
vegane Sahne | 100 ml
veganer Parmesan | 30 g
Salz und Pfeffer aus der Mühle

Zutaten für die Pfifferlinge

Pfifferlinge, frisch oder TK | 400 g
Schalotten | 40 g
kalt gepresstes Olivenöl | 2 EL
Gemüsebrühe | 100 ml
vegane Kochcreme | 150 ml
Salz, Pfeffer aus der Mühle
Blattpetersilie | einige Blätter

Zutaten für den Steinbutt

Steinbuttfilet | 480 g
Meersalz und Pfeffer aus der Mühle
Pflanzenfett mit Butteraroma | 100 g

Zutaten für die Bärlauch-Emulsion

Bärlauch, frisch | 200 g
Schalotten | 30 g
Knoblauch | 2 Zehen
kalt gepresstes Olivenöl | 4 EL
Gemüsebrühe | 100 ml
Pinienkerne, geröstet | 30 g
Salz und Pfeffer aus der Mühle

Zubereitung

1 Die Steinbuttfilets portionieren und wieder kalt stellen.

2 Für das Risotto die Rote Bete schälen und in feine Würfel schneiden. Den Reis in einem Sieb waschen. Schalotten schälen, fein würfeln und mit den Roten-Bete-Würfeln in Olivenöl anschwitzen, den Reis hinzugeben und mit anschwitzen.

3 Mit 80 ml Gemüsebrühe ablöschen, beiseitestellen und quellen lassen. Vor dem Servieren Risotto mit der Roten Bete wieder bei mittlerer Hitze zum Köcheln bringen und nach und nach die restliche Gemüsebrühe hinzufügen, bis Reis und Rote Bete al dente gegart sind. Zwischendurch mit Salz würzen.

4 Zum Schluss die vegane Sahne zugeben, einmal aufkochen lassen, mit Salz und Pfeffer abschmecken und den veganen Parmesan unterheben.

5 Die frischen Pfifferlinge putzen und kurz waschen. Die Schalotten schälen, fein würfeln und mit den Pilzen in Olivenöl anschwitzen. Gemüsebrühe und vegane Sahne zugeben und cremig kochen. Die Pfifferlinge mit Salz und Pfeffer abschmecken.

6 Für die Emulsion Bärlauch entstielen, waschen und grob schneiden. Mit Schalotten- und Knoblauchwürfeln in Olivenöl anschwitzen. Mit Gemüsebrühe auffüllen, einmal aufkochen, mit den Pinienkernen, Salz und Pfeffer mithilfe eines Stabmixer zu einer Soße mixen. Alles zusammen auf vorgewärmten Tellern anrichten.

SPEZIELLE INFORMATIONEN

Rote Bete färben stark ab. Zum Schneiden können Sie Einmalhandschuhe verwenden. / Wenn möglich, kaufen Sie Steinbutt nur fair und handgeangelt.

Kartoffelgnocchi mit Coppa, Calamaretti und Pesto

Rezept für 4 Personen

Zutaten für die Kartoffelgnocchi

Kartoffeln, mehligkochend | 400 g
Dinkelmehl | 200 g
Hartweizengrieß | 50 g
Salz
Muskatnuss, gerieben
kalt gepresstes Olivenöl | 3 EL

Zutaten für die Calamaretti

Calamaretti, frisch oder TK | 400 g
Salz
Zitrone | 1 Stück
kalt gepresstes Olivenöl | 5 EL
Blattpetersilie, frisch | ½ Bund
Semmelbrösel | 100 g

Zutaten für die Coppa

Coppa, sehr dünn geschnitten | 80 g

Zutaten für das Pesto

Basilikum, frisch | 1 Topf
Zitronenthymian | 2–3 Zweige
Pinienkerne, geröstet | 30 g
kalt gepresstes Olivenöl | 3 EL
veganer Parmesan | 30 g
Salz und Pfeffer aus der Mühle

Zubereitung

1 Die Kartoffeln ungeschält einen Tag vorher in Salzwasser kochen und gut abdämpfen lassen, warm pellen.

2 Mit einem Kartoffelstampfer fein stampfen, das Dinkelmehl und den Hartweizengrieß hinzufügen, mit Salz und Muskat würzen. Mit einem Tuch abdecken und später zu zwei gleichmäßigen Rollen mit einem Durchmesser von 3 cm formen. In gleichmäßige Stücke schneiden und mit einer Gabel und etwas Mehl kreuzweise zusammendrücken und formen.

3 Die rohen Gnocchi etwa 5 Minuten in Salzwasser kochen. Dann noch einmal die Gnocchi in Olivenöl goldgelb braten.

4 Calamaretti putzen und die Köpfe abtrennen. Die Tuben auswaschen, die Fischbeine herausziehen, die Haut abziehen und schräg der Länge nach halbieren. Die Tuben und Fangarme abdecken und separat kühl aufbewahren. Die Calamaretti mit Salz, Saft und Abrieb einer halben Zitrone sowie Olivenöl marinieren.

5 Petersilienblätter grob hacken, mit Semmelbrösel vermengen und die Tintenfische in der Petersilienpanade wälzen und auf mit Backpapier ausgelegtes Ofenblech setzen. Die Calamaretti im vorgeheizten Ofen bei 180 °C 5–7 Minuten garen.

6 Für das Pesto das Basilikum waschen, entstielen und mit Zitronenhymianblättern, gerösteten Pinienkernen und Olivenöl mit einem Stabmixer zu einem Pesto mixen. Den Parmesan unterheben und mit Salz und Pfeffer würzen.

7 Die dünnen Coppascheiben auf ein Ofenblech mit Backpapier legen und im heißen Ofen bei 80 °C ca. 3 Stunden lang trocknen. Alle Zutaten auf warmen Tellern anrichten.

SPEZIELLE INFORMATIONEN

Calamaretti sind kleine Tintenfischtuben. Sie zuzubereiten mag nicht jedermanns Sache sein, aber das Geschmackserlebnis lohnt sich. / Coppa ist ein luftgetrockneter Schinken aus dem Schweinenacken, eine traditionelle italienische Spezialität.

KUCHEN UND DESSERTS

Power-Chocolate-Cookies

Rezept für ca. 30 Kekse

Zutaten

Bananen, reif | 2 Stück
Eier | 2 Stück
Erythrit oder Birkenzucker | 3 EL
Haferflocken, Großblatt, glutenfrei | 250 g
Sonnenblumenöl | 2 EL
Vanilleschote | 1 Stange
Mandeln, gemahlen | 50 g
Haselnüsse, geraspelt | 50 g
Zimt, gemahlen | ½ TL
Meersalz
Schokolade, 100 % Kakao | 50 g

Zubereitung

1 Die reifen Bananen mit Eiern und Zucker aufschlagen, die Haferflocken und etwas Sonnenblumenöl unter ständigem Rühren hinzufügen. So lange mit einem Knethaken glatt rühren, bis ein dicklicher Teig entsteht.

2 Die Vanilleschote halbieren und das Mark mit einem Messer herausschaben, mit Mandeln und Haselnüsse zum Teig geben. Zimt, eine Prise Meersalz und zuletzt die geraspelte Schokolade unterheben und den Teig 1 Minute lang rühren.

3 Zwei große Rollen aus dem Teig formen, in Klarsichtfolie einpacken und 4 Stunden lang im Kühlschrank durchkühlen lassen.

4 Die Teigrollen in halbzentimeter dicke Scheiben schneiden und auf ein mit Backpapier ausgelegtes Backblech setzen. Etwa 20 Minuten bei 160 °C im Ofen backen.

SPEZIELLE INFORMATIONEN

Glutenfrei / Je mehr Kakaoanteil eine Schokolade hat, desto weniger Zucker enthält sie. Bitterschokolade mit 100 % Kakao ist dadurch eine Option bei Diabetes.

Karotten-Bananen-Hafer-Muffins

Rezept für ca. 12 Muffins

Zutaten

- Karotten | 300 g
- Banane, reif | 1 Stück
- Eier | 3 Stück
- Erythrit oder Birkenzucker | 3 EL
- Kokosfett | 80 g
- Backpulver | 1 Päckchen
- Mandeln, gehackt | 80 g
- Haferflocken, Großblatt | 130 g
- Dinkelmehl, Vollkorn | 130 g
- Meersalz
- Zimt, Ingwer, Kurkuma, gemahlen

Zubereitung

1 Die Karotten sehr fein raspeln. Die reifen Bananen mit Eiern und Zucker mit dem Schneebesen aufschlagen, dann Kokosfett in Flocken, Backpulver, Karotten und Mandeln hinzufügen und weiter aufschlagen.

2 Haferflocken und Dinkelmehl vorsichtig unterheben. Mit einer Prise Salz und Zimt, Ingwer und Kurkuma würzen.

3 Die Teigmasse in Muffin-Backförmchen mit Papier zur Hälfte füllen, die Muffins im vorgeheizten Ofen bei 170 °C etwa 35 Minuten backen.

SPEZIELLE INFORMATIONEN

Karotten lassen sich gut beim Backen einsetzen. Ihre natürliche Süße verleiht Kuchenteig einen frischen Geschmack und machen ihn saftig. / Ingwer und Kurkuma haben eine leichte Schärfe und verleihen den Muffins ein besonderes Aroma.

Käsequarkkuchen mit Vollkornkeksteig

Rezept für 1 Kuchen oder 10 Förmchen

Zutaten

- Power-Chocolate-Cookies-Teig (Seite 170)
- Vanilleschote | 1 Stange
- Quark, Magerstufe | 500 g
- Salz
- Zitrone | 1 Stück
- Kurkuma, gemahlen
- Erythrit oder Birkenzucker | 4 EL
- Speisestärke | 2 EL
- Eier | 3 Stück
- Meersalz

Zubereitung

1 Den Keksteig etwas dünner in eine gefettete Backform geben oder in Soufflé-förmchen (aus feuerfestem Porzellan) auslegen. Die Ränder leicht einfetten.

2 Die Vanilleschote halbieren und das Mark mit einem Messer herausschaben. Den Quark mit Vanillemark, einer Prise Salz, abgeriebener Zitronenschale, einer Prise Kurkuma, Zucker und Speisestärke anrühren.

3 Die Eier trennen, das Eigelb nach und nach zur Quarkmasse geben. Das Eiweiß mit einer Prise Salz zu Schnee schlagen und unter die Quark-Eigelb-Masse heben.

4 In Soufflétörmchen oder in eine Backform gießen und etwa 55 Minuten bei 165 °C (Förmchen brauchen etwa 25–30 Minuten) backen und nach Belieben z. B. mit Obst garnieren.

SPEZIELLE INFORMATIONEN

Bei Magerquark liegt der absolute Fettanteil zwischen 0,2 und 0,4 g pro 100 g. Dieser niedrige Fettanteil in Kombination mit einem sehr hohen Eiweißgehalt macht ihn sehr gesund.

Bananen-Tarte Tatin mit frischen Feigen

Rezept für 4 Portionen

Zutaten

- Filoteigblätter, TK | 300 g
- Bananen, reif | 2 Stück
- Feigen, frisch | 3–4 Stück
- Erythrit oder Birkenzucker | 1 EL
- Zitrone | 1 Stück
- Zimt, gemahlen
- Butter | 40 g
- Sonnenblumenöl | 1 EL
- Mandeln, gemahlen | 30 g
- 4 Tartelette-Formen (10 cm im Durchmesser)

Zubereitung

1 Den Filoteig antauen lassen. In der Zwischenzeit die Bananen und Feigen schälen und in 1 cm große Würfel schneiden und vermengen. Mit Zucker, dem Abrieb einer halben Zitrone und einer Prise Zimt locker mischen.

2 Die Butter schmelzen. Die Teigblätter auf einem Tisch ausbreiten und mit der geschmolzenen Butter zügig bepinseln. Je vier Teigblätter übereinanderlegen.

3 Die übereinanderliegenden Filoteigblätter mit einem scharfen Messer oder einer Schere zu einem Durchmesser von 12 cm ausschneiden und in die leicht mit Sonnenblumenöl ausgestrichenen Tartelettes-Formen setzen und leicht andrücken.

4 Die Fruchtmasse in die Backformen füllen und mit Mandelgrieß bestreuen.

5 Die Tartes etwa 10 Minuten bei 200 °C im vorgeheizten Ofen backen.

SPEZIELLE INFORMATIONEN

Filoteig ist ein sehr dünner Teig, ähnlich Blätterteig oder Strudelteig, und vor allem in der arabischen und türkischen Küche gebräuchlich. / Zu der Tarte passt zuckerfreies Vanilleeis.

Kokosnuss-Sago-Pudding mit Früchten

Rezept für 4 Personen

Zutaten

- Kokosmilch | 700 g
- Erythrit oder Birkenzucker | 5 EL
- Zitrone | 1 Stück
- Meersalz
- Safran | 1 Msp.
- Zimt, gemahlen
- Sago | 150 g
- Erdbeeren | 100 g
- Heidelbeeren | 100 g

Zubereitung

1 Die Kokosmilch mit Zucker, Saft und Schale der Zitrone, einer Prise Salz, Safran und Zimt zum Köcheln bringen. Unter ständigem Rühren den Sago unterrühren, ca. 20 Minuten weiterköcheln und ständig weiterrühren.

2 Etwas auskühlen lassen und in Schalen oder Gläser füllen. Kalt stellen. Nach Belieben mit Früchten oder Beeren der Saison und mit frischer Minze garnieren.

SPEZIELLE INFORMATIONEN

Die cremige Milch der Kokosnuss ist fettig, aber gesund. Beim Kochen ist sie die leichtere Variante im Vergleich zu Milchprodukten wie Sahne. Anders als das tierische Produkt enthält Kokosmilch kein Cholesterin, dafür aber viele Vitamine und Mineralstoffe. / Sago, ein klassisches Bindemittel für Puddings, ist ein geschmacksneutrales Verdickungsmittel aus granulierter Stärke, gewonnen aus dem Mark des Stammes der Echten Sagopalme.

Schwarzer Kokosnuss-Milchreis mit Feigen-Walnuss-Crunch

Rezept für 4 Personen

Zutaten

schwarzer Klebreis | 400 g
Kokosmilch | 600 g
Erythrit oder Birkenzucker | 5 EL
Zitrone | 1 Stück
Meersalz
Kardamom, gemahlen
Feigen, frisch | 200 g
Walnusskerne | 100 g
Papaya, Lychees oder Thai-Mango zum Garnieren

Zubereitung

1 Schwarzen Klebreis waschen und mindestens 6 Stunden lang in kaltem Wasser einweichen.

2 Kokosmilch mit Zucker, Saft und Schale der Zitrone, einer Prise Salz und Kardamom zum Köcheln bringen. Unter ständigem Rühren den Klebreis unterrühren, ca. 15 Minuten weiterköcheln und ständig weiterrühren. Etwas auskühlen lassen und in Schalen oder Gläser füllen und kalt stellen.

3 Die Feigen schälen und das Fruchtfleisch pürieren. Die Walnusskerne grob hacken und mit dem Feigenpüree mischen. Auf einem Backblech im vorgeheizten Ofen bei ca. 200 °C backen, bis sie karamellisiert sind.

4 Nach Belieben mit Obst garnieren.

SPEZIELLE INFORMATIONEN

Schwarzen Klebreis finden Sie in Asia- und Biomärkten sowie in gut sortierten Supermärkten oder online. Mit einem besonders hohen Eisenwert ist er gut für den Kreislauf: Eisen ist im Körper unter anderem für den Sauerstofftransport verantwortlich. Außerdem enthält schwarzer Klebreis viel Eiweiß sowie Spurenelemente und Antioxidantien.

Frucht-Sushi-Nigiri mit Erdbeere, Mango, Kiwi und Pflaume

Rezept für 4 Personen

Zutaten

- Milchreis | 130 g
- Vanilleschote | 1 Stange
- Kokosmilch | 300 g
- Zitrone | 1 Stück
- Meersalz
- Erythrit oder Birkenzucker | 4 EL
- Erdbeeren | 60 g
- Kiwi | 1 Stück
- Mango | ½ Stück
- Pflaumen, frisch | 150 g
- schwarzer Sesam oder essbare Blüten

SPEZIELLE INFORMATIONEN

Die weichen Pflaumen dienen als eine Art Sojasauce zum Sushi. / Erythrit kann auch mit Birkenzucker ersetzt werden. / Bei der Auswahl des Obstes sind Ihrer Fantasie keine Grenzen gesetzt, Sie können sie nach Geschmack austauschen.

Zubereitung

1 Den Reis waschen und eine halbe Stunde in Wasser einweichen.

2 Vanilleschote halbieren und das Mark mit einem Messer herausschaben. Mit der Kokosmilch, 60 ml Wasser, dem Abrieb der Zitrone, einer Prise Salz und Zucker zum Köcheln bringen.

3 Unter ständigem Rühren den Milchreis unterrühren, ca. 15 Minuten weiterköcheln und ständig weiterrühren, bis die Flüssigkeit reduziert ist. Zur Seite stellen und auskühlen lassen.

4 Die Früchte in dünne, längliche Scheiben schneiden. Die Pflaumen vierteln und mit Zugabe von etwas Wasser und Erythrit zum Kochen bringen, bis sie weich sind. Nun das Fruchtfleisch pürieren.

5 Den Sesam ohne Fett in einer Pfanne anrösten.

6 Mit feuchten Händen kleine Bällchen formen und diese dann zu rechteckigen Würfeln formen. Etwas Pflaumensoße auf die Reis-Rechtecke streichen und mit den Fruchtscheiben belegen. Mit der Pflaumensoße servieren und mit Sesam bestreuen.

Vanillemilchreis ohne Milch mit Zimtcrumble

Rezept für 4 Personen

Zutaten

Milchreis | 130 g
Mandelmilch | 300 ml
Zitrone | 1 Stück
Vanilleschote | 1 Stange
Meersalz
Erythrit oder Birkenzucker | 40 g
Mandeln, gehackt | 60 g
Zimt
Birkensaft | 30 ml
Früchte der Saison zum Garnieren

Zubereitung

1 Den Reis waschen und eine halbe Stunde in Wasser einweichen.

2 Vanilleschote halbieren und das Mark mit einem Messer herausschaben. Mit der Mandelmilch, 60 ml Wasser, dem Abrieb der Zitrone, einer Prise Salz und Erythrit zum Köcheln bringen.

3 Unter ständigem Rühren den Milchreis unterrühren, ca. 10 Minuten weiterköcheln und ständig weiterrühren, bis die Flüssigkeit reduziert ist. Zur Seite stellen und auskühlen lassen.

4 Den Milchreis in feuerfeste Förmchen füllen und mit gehackten Mandeln, Zimt und Birkensaft versehen. Im Ofen bei 200 °C Umluft ca. 10 Minuten backen.

5 Gratinieren oder mit einem Gasbrenner abflämmen. Mit Früchten der Saison oder Minze garnieren.

SPEZIELLE INFORMATIONEN

Birkensaft, aus dem Stamm der Birke gewonnen, werden zahlreiche Heilwirkungen zugeschrieben. Der Drink schmeckt angenehm süßlich, sein Genuss hat in Skandinavien und Osteuropa eine lange Tradition, viele Menschen zapfen ihn noch selbst aus den Stämmen.

Skyr-Pannacotta mit Kokosblütenzucker und Himbeermark

Rezept für 4 Personen

Zutaten

Vanilleschote | 1 Stange
vegane Sahne | 400 ml
Zitrone | 1 Stück
Erythrit oder Birkenzucker | 3 EL
Agar-Agar | 1 EL
Skyr | 300 g
Kokosblütenzucker | 1 ½ TL
Zimt, gemahlen
Himbeeren, TK getaut | 200 g
Minzblätter | 1 Handvoll

Zubereitung

1 Vanilleschote halbieren und das Mark mit einem Messer herausschaben. Mit der Sahne, dem Abrieb der Zitrone und Zucker zum Köcheln bringen. Bis zur Hälfte der Menge reduzieren.

2 Agar-Agar hinzufügen und ganz leicht weiter köcheln. Vom Herd nehmen und etwas abkühlen lassen.

3 Den Skyr unterheben, in feuerfeste Förmchen füllen und mindestens 2 Stunden lang kalt stellen. 1 TL Kokosblütenzucker und Zimt mischen, den Skyr damit bestreuen und mit einem Gasbrenner hellbraun abflämmen.

4 Die Himbeeren mit ½ TL Kokosblütenzucker mischen und mit dem Stabmixer pürieren. Mit Minze garnieren.

SPEZIELLE INFORMATIONEN

Skyr ist eine gute Kalziumquelle und stabilisiert dank angereicherter Milchsäurebakterien das leicht saure Milieu des Darms und die Barrierefunktion der Darmschleimhaut. / Kokosblütenzucker ist eine geschmacksintensive Alternative zum Haushaltszucker.

Haferpfannkuchen mit veganer Vanillecreme

Rezept für 4 Personen

Zutaten

Bananen, reif | 2 Stück
Mandelmilch | 120 ml
Zimt, gemahlen
Erythrit oder Birkenzucker | 1 TL
Haferflocken, Feinblatt, glutenfrei | 150 g
Sonnenblumenöl | 1 EL
Vanilleschote | 1 Stange
Sojamilch | 200 g
Vanillepuddingpulver, vegan | 1 Packung
Kokosblütenzucker | 1 TL
Obst der Saison zum Garnieren

Zubereitung

1 Die reifen Bananen mit Mandelmilch, Zimt und Zucker pürieren, dann die Haferflocken unter ständigem Rühren unterheben. Glatt rühren, bis eine dickliche Masse entsteht.

2 Die Masse in einer beschichteten Pfanne mit etwas Sonnenblumenöl auf beiden Seiten bei kleiner bis mittlerer Hitze zu acht kleinen Pfannkuchen braten.

3 Vanilleschote halbieren und das Mark mit einem Messer herausschaben. Mit Sojamilch aufkochen, das Puddingpulver einrühren; die Dauer richtet sich nach der Packungsanweisung. In eine Schüssel füllen und kalt stellen.

4 Die abgekühlte Puddingcreme auf die Pfannkuchen streichen und jeweils zu Rollen formen. Die Rollen in eine eingefettete Gratinform legen und mit Kokosblütenzucker bestreuen. Etwa 10 Minuten bei 180 °C im Ofen backen.

5 Nach Belieben mit Früchten und Beeren der Saison garnieren.

SPEZIELLE INFORMATIONEN

Glutenfrei / Mandelmilch ist frei von Laktose und Gluten und eignet sich auch für Menschen mit Soja-Allergie.

Rezeptregister

GEFÄSSGESUNDE STARTER

SALATE UND SUPPEN

WRAPS UND BOWLES

SCHARFE UND EXOTISCHE HAUPTGERICHTE

Bibliografische Information der Deutschen Nationalbibliothek
Die Deutsche Nationalbibliothek verzeichnet diese Publikation in der deutschen Nationalbibliografie; detaillierte bibliografische Daten sind im Internet über http://dnb.ddb.de/ abrufbar.

ISBN 978-3-8426-3139-7 (Print)
ISBN 978-3-8426-3140-3 (PDF)
ISBN 978-3-8426-3141-0 (EPUB)

Abbildungen:
Titelmotiv: Pauline Köcher
Foodfotos: Pauline Köcher
stock.adobe.com: TATJANA BAIBAKOVA: 6/7; Olga: 13, 14, 30; designua: 17; photocrew: 35; m________k____: 36; Helga1: 42; New Africa: 52; bit24: 62/63

Originalausgabe

Die Ratgebermarke der Schlütersche Fachmedien GmbH
Hans-Böckler-Allee 7, 30173 Hannover
www.humboldt.de
www.schluetersche.de

Aus Gründen der besseren Lesbarkeit wurde in diesem Buch die männliche Form gewählt, nichtsdestoweniger beziehen sich Personenbezeichnungen gleichermaßen auf Angehörige des männlichen und weiblichen Geschlechts sowie auf Menschen, die sich keinem Geschlecht zugehörig fühlen.
Autoren und Verlag haben dieses Buch sorgfältig erstellt und geprüft. Für eventuelle Fehler kann dennoch keine Gewähr übernommen werden. Weder Autoren noch Verlag können für eventuelle Nachteile oder Schäden, die aus in diesem Buch vorgestellten Erfahrungen, Meinungen, Studien, Therapien, Medikamenten, Methoden und praktischen Hinweisen resultieren, eine Haftung übernehmen. Insgesamt bieten alle vorgestellten Inhalte und Anregungen keinen Ersatz für eine medizinische Beratung, Betreuung und Behandlung.
Etwaige geschützte Warennamen (Warenzeichen) werden nicht besonders kenntlich gemacht. Daraus kann nicht geschlossen werden, dass es sich um freie Warennamen handelt.

Lektorat: Linda Strehl, wort & tat, München
Layout: Groothuis, Lohfert, Consorten, Hamburg
Covergestaltung: ZERO, München
Satz: Die Feder · Werbeagentur GmbH, Wetzlar
Druck und Bindung: FINIDR, s.r.o., Český Těšín, Tschechische Republik

FSC www.fsc.org MIX Papier | Fördert gute Waldnutzung FSC® C014138